环球网校

零基础过经济师考试系列
全国经济专业技术资格考试用书

全新版

克|题|制|胜 1

金融 初级
专业知识和实务

「精选章节习题集」

环球网校经济师考试研究院 编

全真机考模拟 ◁
以题促学 ◁
考前实战 ◁

立信会计出版社
LIXIN ACCOUNTING PUBLISHING HOUSE

图书在版编目(CIP)数据

金融专业知识和实务(初级)精选章节习题集/环球网校经济师考试研究院编. —上海:立信会计出版社,2023.1(2025.8 重印)

全国经济专业技术资格考试用书

ISBN 978-7-5429-7187-6

Ⅰ.①金… Ⅱ.①环… Ⅲ.①金融-资格考试-习题集 Ⅳ.①F83-44

中国版本图书馆 CIP 数据核字(2022)第 250736 号

责任编辑　毕芸芸

金融专业知识和实务(初级)精选章节习题集
Jinrong Zhuanye Zhishi He Shiwu(Chuji) Jingxuan Zhangjie Xitiji

出版发行	立信会计出版社		
地　　址	上海市中山西路 2230 号	邮政编码	200235
电　　话	(021)64411389	传　真	(021)64411325
网　　址	www.lixinaph.com	电子邮箱	lixinaph2019@126.com
网上书店	http://lixin.jd.com		http://lxkjcbs.tmall.com
经　　销	各地新华书店		
印　　刷	三河市中晟雅豪印务有限公司		
开　　本	787 毫米×1092 毫米　　1/16		
印　　张	13		
字　　数	285 千字		
版　　次	2023 年 1 月第 1 版		
印　　次	2025 年 8 月第 4 次		
书　　号	ISBN 978-7-5429-7187-6/F		
定　　价	47.00 元		

如有印订差错,请与本社联系调换

环球君带你学『经济师』

初级经济师是国家认可的初级职称,是经济专业技术资格的一种,是国家对多个行业内从事经济相关职业人员从业能力的认可。

初级经济师考试实行机考,总共考核两个科目,即"经济基础知识"和"专业知识与实务"。每个科目的考试时间为1.5小时,两门考试中间有40分钟休息时间。

如果备考经济师是一场战役,那么考前60天一定是决定战役能否胜利的关键节点。考生该如何更好地利用考前60天呢?除了要学习重要的知识点,还要进行刷题训练,通过做题提升学习效率,保持做题的题感。

环球网校经济师考试研究院的老师们对初级经济师考试进行了系统研究分析,结合历年辅导大批考生的经验,编写了本书,期望能够帮助大家顺利通过考试。本书分为三大版块:

第一版块:刷题练习。本部分按照章节顺序呈现习题,旨在让考生能够对每个常考知识点都能以习题形式进行练习。本部分的每道题都是环球网校经济师考试研究院的老师根据考试频率和知识点的考查方向精挑细选出来的,便于考生复习,打好扎实的知识基础。

第二版块:思维导图。本部分以思维导图的形式展现了各章的重点内容,便于考生直观明了、高效快捷地掌握知识体系。

第三版块:全真机考模拟。考生在精做章节练习题、掌握知识脉络后,一定要做成套试卷进行模拟考试。本部分旨在让考生在仿真机考环境中进行模拟练习,进而胸有成竹地参加考试。

在做题过程中,考生应当注意对错题进行整理和分析,从而完善自身的知识体系。建议考生针对每一道错题都问自己以下几个问题:

(1)这道题考查的知识点是什么?

(2)与本题考查的知识点相关的内容有哪些?

(3)我是怎么运用相关知识点解决这道题的问题的?

(4) 这道题的解题过程是什么?

(5) 为什么我做错了这道题?

(6) 这道题还有其他做法吗?

思考上述问题可以帮助考生从知识掌握、能力提升、解题习惯等方面分析错误,有针对性地进行复习,高效备考。

如果考生在做题中遇到了自己研究不明白的题目,可以扫描相关二维码听老师讲解该知识点。本书在每一章最后设置了"学习笔记"栏目,考生可以记录在学习中遇到的难点、雷点,从而准确地找到自己的薄弱点,然后想办法去攻克它。

学习是日积月累、循序渐进的过程,要系统、全面地掌握知识,就要采用有效的方法坚持不懈、持之以恒地学习。希望通过这60天的学习,大家能够养成良好的学习习惯,顺利通过初级经济师考试,为以后的职业发展奠定良好的基础。

环球网校经济师考试研究院

目录

第一章 货币与货币均衡 …………… 1

Day 1 …………………………… 1
考点：商品货币 …………………… 1
考点：代用货币 …………………… 2
考点：信用货币 …………………… 2

Day 2 …………………………… 4
考点：货币制度的内容 …………… 4
考点：国家货币制度的演变 ……… 4
考点：货币的职能 ………………… 4

Day 3 …………………………… 6
考点：马克思的货币需求理论 …… 6
考点：费雪的货币需求理论 ……… 6
考点：剑桥学派的货币需求理论 … 7

Day 4 …………………………… 9
考点：凯恩斯的货币需求理论 …… 9
考点：弗里德曼的货币需求理论 … 9

Day 5 …………………………… 11
考点：货币供给的概念和货币层次划分
　　　…………………………… 11
考点：货币供给过程 ……………… 11

Day 6 …………………………… 13
考点：货币均衡的含义和标志 …… 13
考点：货币失衡：通货膨胀与通货紧缩
　　　…………………………… 13

参考答案及解析 …………………… 16

第二章 信用与利息 ……………… 22

Day 7 …………………………… 22
考点：信用概述 …………………… 22
考点：信用的产生和发展 ………… 23
考点：现代信用的主要形式 ……… 23

Day 8 …………………………… 25
考点：信用工具 …………………… 25
考点：社会信用体系与社会征信体系建设
　　　…………………………… 25

Day 9 …………………………… 27
考点：利息的性质 ………………… 27
考点：利率的种类 ………………… 27
考点：影响利率的因素 …………… 28

Day 10 ………………………… 29
考点：我国现行的利率体系 ……… 29
考点：利率市场化 ………………… 29
考点：计算利息的基本方法 ……… 30

Day 11 ………………………… 31
考点：储蓄存款利息的计算 ……… 31
考点：单位存款利息的计算 ……… 32

Day 12 ………………………… 33
考点：定期结息计算 ……………… 33
考点：利随本清计息 ……………… 33
考点：票据贴现计息 ……………… 33
考点：贷记卡透支利息的计算 …… 34

参考答案及解析 …………………… 36

第三章　金融机构 …………………… 42

Day 13 ……………………………………… 42
　　考点：金融机构的性质与职能 ………… 42
　　考点：金融机构的分类 ………………… 43

Day 14 ……………………………………… 44
　　考点：中央银行 ………………………… 44

Day 15 ……………………………………… 45
　　考点：政策性银行 ……………………… 45
　　考点：开发性金融机构 ………………… 45
　　考点：商业银行 ………………………… 45

Day 16 ……………………………………… 47
　　考点：证券公司 ………………………… 47
　　考点：基金管理公司 …………………… 47
　　考点：保险公司 ………………………… 47

Day 17 ……………………………………… 49
　　考点：信托公司 ………………………… 49
　　考点：财务公司 ………………………… 49
　　考点：信用担保机构 …………………… 49
　　考点：金融租赁公司 …………………… 49
　　考点：理财子公司 ……………………… 50
　　考点：其他银行业金融机构 …………… 50
　　参考答案及解析 ………………………… 52

第四章　金融市场 …………………… 58

Day 18 ……………………………………… 59
　　考点：货币市场和资本市场 …………… 59
　　考点：发行市场和流通市场 …………… 59
　　考点：场内交易市场和场外交易市场 … 59

Day 19 ……………………………………… 61
　　考点：即期市场和远期市场 …………… 61
　　考点：国内金融市场和国际金融市场 … 61
　　考点：公开市场和议价市场 …………… 61
　　考点：直接金融市场和间接金融市场 … 61

Day 20 ……………………………………… 62

　　考点：票据市场 ………………………… 62
　　考点：同业拆借市场 …………………… 62

Day 21 ……………………………………… 64
　　考点：证券回购市场 …………………… 64
　　考点：大额可转让定期存单市场 ……… 64
　　考点：短期债券市场 …………………… 64

Day 22 ……………………………………… 66
　　考点：证券市场概述 …………………… 66
　　考点：证券市场的交易对象 …………… 66

Day 23 ……………………………………… 68
　　考点：证券发行市场和流通市场 ……… 68
　　考点：证券交易程序 …………………… 68

Day 24 ……………………………………… 69
　　考点：证券交易费用 …………………… 69
　　考点：金融衍生工具概述 ……………… 69
　　考点：金融远期 ………………………… 69
　　考点：金融期货 ………………………… 69

Day 25 ……………………………………… 71
　　考点：金融期权 ………………………… 71
　　考点：金融互换 ………………………… 71
　　考点：信用衍生品 ……………………… 72

Day 26 ……………………………………… 73
　　考点：货币市场主要指标 ……………… 73
　　考点：资本市场主要指标 ……………… 73
　　参考答案及解析 ………………………… 77

第五章　商业银行的资本与负债 …… 85

Day 27 ……………………………………… 85
　　考点：商业银行资本的概念与功能 …… 85
　　考点：商业银行资本监管的国际规则
　　　………………………………………… 86

Day 28 ……………………………………… 87
　　考点：我国商业银行资本管理 ………… 87
　　考点：商业银行存款的意义 …………… 87

Day 29 ……………………………………… 89

考点：商业银行存款的种类 ………… 89
考点：影响商业银行存款量的因素 … 89

Day 30 ………………………………… 91
考点：同业负债 ………………………… 91
考点：向中央银行借款 ………………… 91
考点：向国际金融市场借款 …………… 91
考点：占用短期资金 …………………… 92
考点：发行金融债券 …………………… 92

Day 31 ………………………………… 93
考点：负债质量管理 …………………… 93
考点：存款负债的管理 ………………… 93
考点：借入负债的管理 ………………… 94
参考答案及解析 …………………… 96

第六章 商业银行的金融资产与表外业务
…………………………………………… 102

Day 32 ………………………………… 102
考点：商业银行现金类资产的构成 … 102
考点：商业银行现金类资产的管理原则
…………………………………………… 103
考点：商业银行头寸匡算与预测 …… 103

Day 33 ………………………………… 105
考点：贷款关系人及其权利义务 …… 105
考点：贷款种类 ………………………… 105
考点：贷款程序 ………………………… 105
考点：贷款监管要求 …………………… 106
考点：贷款风险及其控制 ……………… 106

Day 34 ………………………………… 107
考点：商业银行证券投资的目标 …… 107
考点：商业银行证券投资的工具 …… 107
考点：证券投资的收益与风险 ……… 107

Day 35 ………………………………… 109
考点：商业银行表外业务的概念 …… 109
考点：商业银行表外业务的种类 …… 109
考点：商业银行表外业务的风险 …… 109

参考答案及解析 …………………… 111

第七章 商业银行的会计与财务 …… 115

Day 36 ………………………………… 115
考点：会计核算的基本前提和信息质量要求 ……………………………… 115

Day 37 ………………………………… 117
考点：商业银行会计核算要素和基本方法
…………………………………………… 117
考点：商业银行主要业务涉及的会计科目
…………………………………………… 117

Day 38 ………………………………… 119
考点：支付结算业务概述 …………… 119
考点：主要支付结算方式 …………… 119

Day 39 ………………………………… 121
考点：财务报表概述 ………………… 121
考点：财务报表列报的基本要求 …… 121
考点：资产负债表 …………………… 121
考点：利润表 ………………………… 122

Day 40 ………………………………… 123
考点：商业银行财务管理概述 ……… 123
考点：商业银行财务管理主要职能 … 123
考点：商业银行的成本管理 ………… 123

Day 41 ………………………………… 125
考点：盈利能力指标 ………………… 125
考点：资产质量指标 ………………… 125
考点：资产充足情况指标 …………… 125

参考答案及解析 …………………… 128

第八章 金融风险与金融监管 ……… 133

Day 42 ………………………………… 134
考点：金融风险的概念 ……………… 134
考点：金融风险的分类 ……………… 134
考点：金融风险的来源 ……………… 135

Day 43 ………………………………… 136
考点：金融风险管理的作用 ………… 136

考点：金融风险管理的流程……………… 136
Day 44 …………………………………… 138
考点：商业银行全面风险管理…………… 138
考点：商业银行信用风险管理…………… 138
考点：商业银行市场风险管理…………… 138
Day 45 …………………………………… 140
考点：商业银行操作风险管理…………… 140
考点：商业银行流动性风险管理………… 140
Day 46 …………………………………… 142
考点：金融监管的概念…………………… 142
考点：金融监管的目标与原则…………… 142
Day 47 …………………………………… 143
考点：金融监管的主要内容……………… 143
考点：国际主要金融监管体制…………… 143
考点：国际金融监管的最新发展………… 143
Day 48 …………………………………… 145
考点：我国的金融监管体制……………… 145
考点：我国的金融监管理念……………… 145
考点：我国的金融监管机构……………… 145
参考答案及解析………………………… 148

第九章 国际金融基础………………… 153
Day 49 …………………………………… 153
考点：外汇的概念与类别………………… 153
考点：汇率及其标价法…………………… 154
Day 50 …………………………………… 155
考点：外汇交易类型……………………… 155

考点：外汇风险…………………………… 155
Day 51 …………………………………… 157
考点：国际收支与国际收支平衡表……… 157
考点：国际收支失衡的判定与调节……… 157
Day 52 …………………………………… 158
考点：国际储备的含义…………………… 158
考点：国际储备的构成…………………… 158
考点：国际储备的来源…………………… 158
考点：国际储备的作用…………………… 159
Day 53 …………………………………… 160
考点：国际资本流动的概念和类型 …… 160
考点：国际资本流动的原因……………… 160
考点：国际资本流动影响………………… 161
考点：国际资本流动的管理……………… 161
考点：我国外汇管理与跨境资本管理
 ………………………………………… 161
Day 54 …………………………………… 163
考点：国际结算的概念和种类…………… 163
考点：国际结算方式……………………… 163
参考答案及解析………………………… 165

思维导图………………………………… 173
Day 55 …………………………………… 173
Day 56 …………………………………… 181
Day 57 …………………………………… 188
全真机考模拟…………………………… 198
Day 58 至 Day 60 ……………………… 198

第一章 货币与货币均衡

> **学习指导**

本章知识点为金融学的基础——货币，属于基础内容。本章的高频考点包括信用货币、现金流通、广义货币流通、马克思的货币需求理论、凯恩斯的货币需求理论、货币供给的口径、通货膨胀。货币供给的影响因素是本章的难点，需深入理解，杜绝死记硬背。

本章所涉知识点文字性内容偏多，且与后面章节联系紧密，历年考查分值在 13 分左右。学习本章内容重在理解记忆。

日期	考点
Day1	➢ 商品货币 ➢ 代用货币 ➢ 信用货币
Day2	➢ 货币制度的内容 ➢ 国家货币制度的演变 ➢ 货币的职能
Day3	➢ 马克思的货币需求理论 ➢ 费雪的货币需求理论 ➢ 剑桥学派的货币需求理论
Day4	➢ 凯恩斯的货币需求理论 ➢ 弗里德曼的货币需求理论
Day5	➢ 货币供给的概念和货币层次划分 ➢ 货币供给过程
Day6	➢ 货币均衡的含义和标志 ➢ 货币失衡：通货膨胀与通货紧缩

▶▶▶ Day 1

▼ 考点：商品货币

1. [单选] 在货币形态的发展演变中，最原始的形态是（　　）。
   A. 电子货币　　　　　　　　　B. 实物货币
   C. 代用货币　　　　　　　　　D. 金属货币

2. [多选] 商品货币主要有（　　）形态。
   A. 代用货币　　　　　　　　　B. 实物货币
   C. 金属货币　　　　　　　　　D. 电子货币

E. 信用货币

3. [多选] 下列有关商品货币的说法中,正确的有（   ）。
   A. 商品货币不是足值货币
   B. 商品货币本身具有十足的内在价值
   C. 在与其他商品交换时,商品价值与货币价值相等
   D. 可以克服"劣币驱逐良币"现象
   E. 商品货币具有强制性

▽ 考点：代用货币

4. [单选]（   ）一般指由政府或银行发行的纸币或银行券,代替金属货币加入流通领域中。
   A. 商品货币
   B. 实物货币
   C. 金属货币
   D. 代用货币

5. [单选] 代用货币的优点之一是能克服金属货币在流通中所产生的（   ）现象。
   A. 良币驱逐劣币
   B. 劣币驱逐良币
   C. 货币价值不足
   D. 不具有普遍可接受性

6. [单选] 下列属于代用货币特征的是（   ）。
   A. 本身具有十足的内在价值
   B. 是货币形式发展最原始的形式
   C. 是一种价值符号
   D. 其持有者有权随时到政府或银行将其兑换为金属货币

7. [单选] 下列货币形态中,属于代用货币的是（   ）。
   A. 贝壳   B. 金币
   C. "交子"   D. 人民币

▽ 考点：信用货币

8. [单选] 代用货币与信用货币最大的区别在于（   ）。
   A. 是否与贵金属挂钩
   B. 货币形态不同
   C. 偿付权限不同
   D. 发行机构不同

9. [多选] 下列关于信用货币特征的说法中,正确的有（   ）。
   A. 具有强制性   B. 与贵金属相挂钩
   C. 是管理货币   D. 是足值货币
   E. 是债务货币

10. [单选] 与贵金属完全脱钩，仅作为一种价值符号的货币形态是（　　）。
    A. 商品货币　　　　　　　　　　B. 信用货币
    C. 金属货币　　　　　　　　　　D. 代用货币
11. [单选] 电子货币的特征不包括（　　）。
    A. 专用性　　　　　　　　　　　B. 虚拟性
    C. 高效性　　　　　　　　　　　D. 通用性

学习笔记

Day 2

考点：货币制度的内容

1. [单选] 下列属于货币制度内容的是（　　）。
   A. 货币材料、货币单位
   B. 货币供给、货币需求
   C. 货币政策、财政政策
   D. 货币作用、货币职能

2. [单选] 下列关于辅币描述有误的是（　　）。
   A. 用于日常零星交易
   B. 主币货币单位以下的小面额货币
   C. 一国流通的基本货币
   D. 信用货币制度下，发行权集中在中央银行或者政府指定的机构手中

3. [单选] 根据国际惯例，一国货币单位名称的表示方式通常是（　　）。
   A. 货币单位名＋国名
   B. 国名＋货币单位名
   C. 重量单位名＋国名
   D. 金属材料名＋国名

考点：国家货币制度的演变

4. [单选] 下列不属于金本位制的是（　　）。
   A. 跛行本位制
   B. 金币本位制
   C. 金块本位制
   D. 金汇兑本位制

5. [单选] 在货币制度中，同时以黄金和白银作为货币材料的制度称为（　　）。
   A. 双重本位制
   B. 金银混合制
   C. 金银复本位制
   D. 双金属制度

6. [单选] 关于货币替代与格雷欣法则的比较，下列说法错误的有（　　）。
   A. 货币替代是"良币驱逐劣币"，格雷欣法则是"劣币驱逐良币"
   B. 货币替代发生在信用货币制度下，格雷欣法则发生在金银复本位制下
   C. 货币替代可能替代货币的全部职能，格雷欣法则仅替代支付职能
   D. 货币替代与格雷欣法则描述的都是货币之间的替代关系

考点：货币的职能

7. [单选] 下列不属于货币作为流通手段的特点的是（　　）。
   A. 必须使用现实的货币

B. 货币不停地在买卖者手中进行流通

C. 货币的价值不重要，只要有购买力即可

D. 可以作为独立的价值形式单方面转移

8. ［单选］最能体现货币的支付手段职能的是（　　）。

A. 在超市购物时用现金付款

B. 用银行转账支付房租

C. 在商店里标价10元的商品

D. 将收入存入银行账户

✎ 学习笔记

Day 3

▼ **考点**：马克思的货币需求理论

1. [单选] 在马克思的货币需求函数中，货币量不受（   ）的影响。

   A. 流通速度

   B. 待售商品单价

   C. 待售商品数量

   D. 利率

2. [单选] 根据马克思的货币需求量公式，在货币流通速度不变的条件下，执行流通手段职能的货币量取决于（   ）。

   A. 商品质量

   B. 商品生产技术条件

   C. 待销售商品价格总额

   D. 投机性货币需求

3. [单选] 假设全社会待销售商品价格总额为 1 000 亿元，该时期赊销商品价格总额为 50 亿元，到期应支付的价格总额为 40 亿元，相互抵销的价格总额为 50 亿元，若货币流通速度为 10 次，则货币需求量为（   ）亿元。

   A. 86   B. 90

   C. 94   D. 100

▼ **考点**：费雪的货币需求理论

4. [单选] 下列公式中，不属于费雪的货币需求理论的影响因素的是（   ）。

   A. 货币流通速度

   B. 价格的加权平均数

   C. 商品的交易数量

   D. 价格总额

5. [单选] 费雪方程式隐含的假设是（   ）。

   A. M 和 V 短期内稳定

   B. T 和 P 短期内稳定

   C. P 和 V 短期内稳定

   D. T 和 V 短期内稳定

6. [单选] 下列关于费雪方程式的说法中，错误的是（   ）。

   A. 从微观角度考量货币需求

   B. 假设 T 不变

   C. 假设货币流通速度不变

   D. 考虑货币的交易手段

7. [案例] 假定某国的货币需求与货币流通完全符合费雪方程式的特点，M 表示该国的货币流通数量，P 表示物价水平，V 表示货币流通速度，T 表示交易量。该国在短期内货币政策调整前的货币流通数量 M 为 100 亿元，总交易额 PT 为 400 亿元。之后该国在短期内将货币流通数量 M 增加到 200 亿元。

根据以上资料,回答下列问题。

(1) 该国短期内货币政策调整前的货币流通速度 V 为（　　）。

A. 5
B. 4
C. 1
D. 0.25

(2) 当该国短期内货币流通数量 M 增加后,总交易额 PT 为（　　）亿元。

A. 100
B. 200
C. 400
D. 800

(3) 当该国短期内货币流通数量 M 增加后,物价水平将（　　）。

A. 变为原来的 4 倍
B. 变为原来的 2 倍
C. 保持不变
D. 变为原来的一半

(4) 当该国货币流通数量短期内发生变化时,正确的说法有（　　）。

A. P 与 M 同比例变动
B. V 和 P 同比例变动
C. T 相对稳定
D. MV 保持不变

▼ 考点：剑桥学派的货币需求理论

8. ［单选］剑桥方程式为（　　）。

A. $M_d = kPY$
B. $MV = PT$
C. $M_d = M_1 + M_2$
D. $P = MV \div T$

9. ［单选］下列货币需求理论中,从微观角度考虑货币需求的是（　　）。

A. 马克思的货币需求理论
B. 剑桥方程式
C. 现金余额说
D. 费雪的货币需求理论

10. ［多选］剑桥方程式与费雪方程式在形式上基本相同,但在内容上则有本质区别,这些区别包括（　　）。

A. 费雪方程式强调的是货币的交易手段功能
B. 剑桥方程式侧重于货币作为一种资产的功能
C. 费雪方程式重视货币支出的数量和速度
D. 剑桥方程式是从用货币形式拥有资产存量的角度考虑货币需求,重视存量占收入的比例
E. 费雪方程式从微观角度进行分析

✏️ 学习笔记

Day 4

考点：凯恩斯的货币需求理论

1. [多选] 按照凯恩斯的货币需求理论，人们保有货币的动机可分为（   ）。
   A. 交易动机
   B. 储藏动机
   C. 预防动机
   D. 投机动机
   E. 保值动机

2. [单选] 在凯恩斯的货币需求理论中，与利率相关的货币需求是指（   ）。
   A. 交易性需求
   B. 预防性需求
   C. 投机性需求
   D. 消费性需求

3. [单选] 凯恩斯的货币需求函数式为（   ）。
   A. $MV=PT$
   B. $M_d=kPY$
   C. $L=L_1(y)+L_2(r)$
   D. $\dfrac{M_d}{P}=f\left(y, w; r_m, r_b, r_e, \dfrac{1}{P}\times\dfrac{\mathrm{d}P}{\mathrm{d}t}; u\right)$

4. [单选] 按照凯恩斯的货币需求理论，利率上升会导致（   ）。
   A. 交易性货币需求减少
   B. 预防性货币需求增加
   C. 现金需求增加
   D. 投机性货币需求减少

考点：弗里德曼的货币需求理论

5. [单选] 在弗里德曼的货币需求函数式中，y指的是（   ）。
   A. 短期收入
   B. 资产性收入
   C. 名义收入
   D. 恒久性收入

6. [单选] 弗里德曼货币需求函数中决定货币需求的因素不包括（   ）。
   A. 恒久收入
   B. 预期物价变动率
   C. 债券预期收益率
   D. 汇率

7. [单选] 在弗里德曼的货币需求函数中，如恒久性收入增加，则货币需求（   ）。
   A. 增加
   B. 减少
   C. 先减后增
   D. 先增后减

8. [单选] 按照弗里德曼的货币需求理论，在个人总财富中，人力财富所占比重越大，货币需求将会（　　）。

A. 越多
B. 不变
C. 越少
D. 变化莫测

9. ［单选］下列关于弗里德曼货币需求理论的说法中，正确的是（　　）。

A. 影响货币需求的主要因素是暂时性收入
B. 研究实际货币需求
C. 非人力财富占比越大，货币需求越大
D. 从宏观角度考量货币需求

学习笔记

Day 5

▼ 考点：货币供给的概念和货币层次划分

1. [单选] 划分货币层次的重要依据是货币的（　　）。
   A. 兑换性
   B. 还原性
   C. 流动性
   D. 稳定性

2. [单选] 在货币供应量 M0、M1、M2 和 M3 等层次中，流动性最强的是（　　）。
   A. M0
   B. M1
   C. M2
   D. M3

3. [单选] 下列存款中，属于我国货币层次 M1 的是（　　）。
   A. 单位定期存款
   B. 单位活期存款
   C. 储蓄存款
   D. 住房公积金存款

4. [单选] 根据我国当前货币供给层次划分口径，证券公司客户保证金包含于（　　）。
   A. M0
   B. M1
   C. M2
   D. M3

▼ 考点：货币供给过程

5. [单选] 关于基础货币的构成，下列说法正确的是（　　）。
   A. 基础货币等于流通中现金减去银行准备金
   B. 基础货币等于流通中现金加上银行准备金
   C. 基础货币仅包括流通中的现金
   D. 基础货币仅包括银行准备金

6. [单选] 关于中央银行买入政府债券的影响，下列说法正确的是（　　）。
   A. 导致基础货币等额减少
   B. 导致基础货币翻倍增加
   C. 导致基础货币等额增加
   D. 对基础货币没有影响

7. [单选] 假定金融机构的法定存款准备金率为 20%，超额存款准备金率为 4%，现金漏损率为 1%，则存款乘数为（　　）。
   A. 4.00
   B. 4.12
   C. 5.00
   D. 20.00

学习笔记

Day 6

考点：货币均衡的含义和标志

1. [单选] 在社会经济发展过程中，货币均衡的实质是（　　）。
   A. 货币供求相等
   B. 商品劳务的供求均衡
   C. 国民经济均衡
   D. 货币市场均衡

2. [多选] 货币均衡的标志包括（　　）。
   A. 物价水平变动率
   B. 货币流通速度的变动
   C. 货币供给增长率与国民生产总值增长率的比较
   D. 货币供给与需求在结构上均衡
   E. 货币供给与货币需求在量上绝对相等

3. [单选] 在物价受到管制时，衡量货币供求是否均衡的主要标志是（　　）。
   A. 货币流通速度
   B. GDP 增长率
   C. 失业率
   D. 汇率

4. [单选] 货币均衡不是指货币供给量和实际货币需求量一致，而是指货币供给量与适度货币需求量基本一致。供给量和适度需求量具体表现为一个区间值，而不是绝对值，这种现象即（　　）。
   A. 货币容纳量弹性
   B. 货币变动弹性
   C. 货币需求量弹性
   D. 货币均衡指数

考点：货币失衡：通货膨胀与通货紧缩

5. [单选] 根据西方通货膨胀学说，"过多的货币追求过少的商品"通常是指（　　）。
   A. 混合型通货膨胀
   B. 隐蔽型通货膨胀
   C. 成本推进型通货膨胀
   D. 需求拉动型通货膨胀

6. [多选] 根据通货膨胀的表现形态不同，可将通货膨胀分为（　　）。
   A. 公开型通货膨胀
   B. 需求拉动型通货膨胀
   C. 成本推进型通货膨胀
   D. 隐蔽型通货膨胀
   E. 经济结构型通货膨胀

7. [单选] 成本推动型通货膨胀理论是从（　　）方面来分析通货膨胀的成因。
   A. 供给
   B. 需求
   C. 结构
   D. 预期

8. [单选] 实行全面物价管制的货币供应量过多必然导致货币流通速度（　　）。
   A. 不变
   B. 加快
   C. 减慢
   D. 不确定

9. [多选] 通货紧缩的原因包括（　　）。
   A. 经济周期的变化
   B. 国际市场的冲击
   C. 结构失调
   D. 物价管制
   E. 技术进步和金融创新的影响

✎ 学习笔记

本章学习检查表

知识点名称	初次学习 做对题目数/总题目数	初次学习 学习日期	第一次复习 做对题目数/总题目数	第一次复习 复习日期	第二次复习 做对题目数/总题目数	第二次复习 复习日期
商品货币						
代用货币						
信用货币						
货币制度的内容						
国家货币制度的演变						
货币的职能						
马克思的货币需求理论						
费雪的货币需求理论						
剑桥学派的货币需求理论						
凯恩斯的货币需求理论						
弗里德曼的货币需求理论						
货币供给的概念和货币层次划分						
货币供给过程						
货币均衡的含义和标志						
货币失衡：通货膨胀与通货紧缩						

填写建议：

"做对题目数/总题目数"记录自己各知识点做题的情况，比如，某知识点总题目数10题，自己做对了其中7题，记录为7/10。

"学习日期"和"复习日期"记录自己学习和复习各知识点的日期。

备忘录

参考答案及解析

Day 1

1. B [解析] 实物货币是货币形态发展的最初形态。

2. BC [解析] 商品货币是指有实物支持的货币，具有货币与商品双重身份，主要有实物货币和金属货币两种形态。

3. BC [解析] 商品货币是足值货币，其中金属货币是典型的足值货币，A项错误，B项正确。商品货币在与其他商品交换时，作为货币与作为商品时的价值相等，C项正确。代用货币能克服金属货币在流通中所产生的"劣币驱逐良币"现象，D项错误。信用货币具有强制性，E项错误。

4. D [解析] 代用货币是代替金属货币在市场上流通的货币，一般指由政府或银行发行的纸币或银行券，代替金属货币加入流通领域中。

5. B [解析] 与金属货币相比，代用货币不仅具有成本低廉、更易于携带和运输、便于节省贵金属等优点，而且还能克服金属货币在流通中所产生的"劣币驱逐良币"现象。

6. D [解析] 代用货币虽然在市场上流通，但作为交易媒介，代用货币持有者有权随时到政府或银行将其兑换为金属货币。代用货币本身的价值低于其面值，是不足值的，商品货币为足值货币，A项错误。实物货币是货币形态发展的最原始的形态，B项错误。信用货币是一种价值符号，C项错误。

7. C [解析] 代用货币是指代表商品货币在市场上流通的货币，一般指由政府或银行发行的纸币或银行券。据《宋史》记载，北宋时期四川地区商业发达，贸易往来频繁，原来使用的铁钱体重、值小、携带不便，于是人们用纸做成货币，即"交子"，为代用货币。贝壳和金币是商品货币，人民币是信用货币。

8. A [解析] 信用货币与代用货币最大的区别在于信用货币不以金银等贵金属为保证，而是由国家以法律形式强制发行并流通，以国家信用为支撑。

9. ACE [解析] 信用货币具有以下特征：①信用货币是一种价值符号，与贵金属已经完全脱离；②信用货币是债务货币；③信用货币具有强制性；④信用货币具有管理货币性质。

10. B [解析] 信用货币是一种价值符号，与贵金属完全脱钩。

11. A [解析] 电子货币的特征包括方便性、通用性、高效性、虚拟性。

• 考点再现

Q_{1-11} 货币形态的发展演变如图1-1所示。

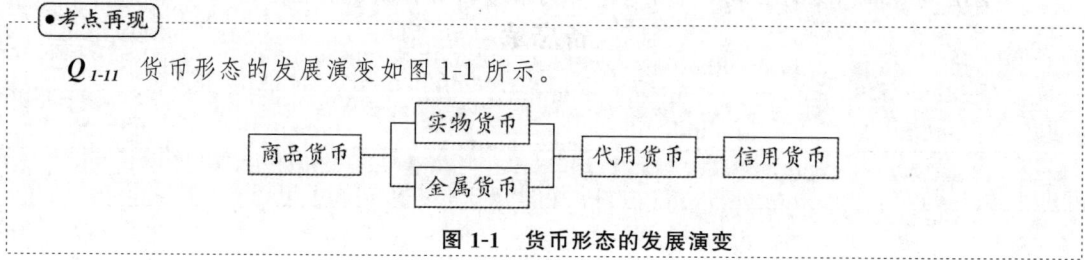

图1-1 货币形态的发展演变

Day 2

1. A [解析] 货币制度的内容主要包括货币材料、货币单位、货币种类、货币的支付偿还力、货币的铸造发行以及货币发行准备制度等。

2. C [解析] 辅币，是主币货币单位以下的小面额货币，主要用于日常零星交易。主币，也称本位货币或者本位币，是一国流通的基本货币，是一国法定的计价和结算货币。

3. B [解析] 当前，国际惯例表示一国的货币单位名称往往是国名＋货币单位名，如英国的货币单位名称是英镑，日本的货币单位名称是日元等。

4. A [解析] 金本位制是指以黄金为本位币币材的货币制度。其主要形式有金币本位制、金块本位制和金汇兑本位制，其中，金币本位制是最典型的金本位制，金块本位制和金汇兑本位制是在金币本位制的稳定因素受到破坏后出现的两种不健全的金本位制。

5. C [解析] 同时以黄金和白银作为货币材料的制度称为金银复本位制。

6. C [解析] 货币替代与格雷欣法则在替代程度上存在差异，货币替代可能替代货币的全部职能，格雷欣法则仅替代流通职能。

7. D [解析] 货币作为独立的价值形式单方面转移是支付手段的特点。

8. B [解析] A 项是流通手段职能的体现，C 项是价值尺度职能的体现，D 项是价值储藏职能的体现。

Day 3

1. D [解析] 在马克思的货币需求函数中，货币量不受利率的影响。马克思的货币需求理论表示，执行流通手段职能的货币需要量主要受一定时期待销售商品价格总额和货币流通速度的影响，商品价格总额主要受商品单价和商品销售数量的影响。

2. C [解析] 执行流通手段职能的货币需要量＝一定时期待销售商品价格总额÷货币流通速度。一定时期内，在货币流通速度不变的条件下，货币需要量与待销售商品价格总额成正比。

3. C [解析] 一定时期内作为流通手段和支付手段的货币需要量＝（待销售商品价格总额－赊销商品价格总额＋到期应支付的价格总额－相互抵销的价格总额）÷同名货币流通速度＝$(1\,000-50+40-50)\div10=94$（亿元）。

4. D [解析] 费雪方程式为：$MV=PT$，其中 M 为一定时期内流通的货币平均数量，V 为货币流通速度，P 为各类商品价格的加权平均数，T 为各类商品的实际交易数量。马克思的货币需求理论的影响因素涉及价格总额，D 项错误。

5. D [解析] 费雪方程式为：$P=MV/T$，其中隐含的假设是 T 和 V 短期内稳定，则 P 与 M 的关系是可变的。

6. A [解析] 费雪方程：①在短期内 T、V 不变；②P 与 M 成正比；③强调货币流通手段——现金交易说；④研究宏观角度货币需求（A 项错误）。

7. (1) B [解析] 货币流通速度 $V=PT\div M=400\div100=4$。

   (2) D [解析] 总交易额 $PT=MV=4\times200=800$（亿元）。

   (3) B [解析] 物价 P 的水平随着货币流通数量 M 的变化而变化，当该国短期内货币流通数量 M 增加后，物价水平 P 将变为原来的两倍。

   (4) AC [解析] V 是由一些"如公众的支付习惯、使用信用范围的大小、交通和通信的方便与否等制度上的因素"决定的，而这些因素在短期内不会有大的变化。T 取决于资源、技术条件，而在充分就业的状态下，不可能发生大的变化，且相对稳定。而 P 与 M

的关系是可变的，得出 P 的水平随着 M 的变化而变化的结论，即 M 的变化决定了价格水平。当该国货币流通数量短期内发生变化时，V 和 T 相对稳定，M 与 P 同比例变动。

•考点再现

Q_{4-7} 费雪方程式：$MV=PT$，变形式为：$M=\dfrac{PT}{V}$。费雪假设 M 为一定时期内流通中的货币平均数，V 为货币流通速度，P 为各类商品价格加权平均数，T 为各类商品的实际交易数量，从而形成了一定时期商品交易与货币流通的规律性平衡关系。

8. A [解析] 剑桥学派提出的方程式为：$M_d=kPY$。

9. B [解析] 从微观角度考虑货币需求的有剑桥方程式、凯恩斯货币需求理论、弗里德曼货币需求理论；从宏观角度考虑货币需求的有马克思的货币需求理论、费雪的货币需求理论。

10. ABCD [解析] 费雪方程式和剑桥方程式在形式上基本相同，但在内容上则有本质的区别，具体包括：①对货币需求分析的侧重点不同。费雪方程式强调的是货币的交易手段功能，而剑桥方程式则重视货币作为一种资产的功能，侧重于收入的需求。②费雪方程式把货币需求和支出流量联系在一起，重视货币支出的数量和速度，侧重于货币流量分析，而剑桥方程式则是从资产存量的角度考虑货币需求，重视存量资产占收入的比例。所以，也有人称费雪方程式为现金交易说，称剑桥方程式为现金余额说。③两个方程式对货币需求的分析角度和所强调的货币需求决定因素有所不同。费雪方程式是从宏观角度用货币数量的变动来解释价格，而剑桥方程式则是从微观角度进行分析，认为人们对保有货币有一个满足程度的问题。

Day 4

1. ACD [解析] 凯恩斯认为，人们保有货币的动机分为交易动机、预防动机和投机动机。

2. C [解析] 凯恩斯认为的货币需求包括：①投机性需求，即通过对利率变动的预测，获取投机利益的货币需求，投机性货币需求与利率呈负相关关系；②交易性需求，即正常情况下购买消费品的需求；③预防性需求，即为了防止意外情况发生而持有部分货币的需求。

3. C [解析] 凯恩斯的货币需求函数式是 $L=L_1(y)+L_2(r)$。

4. D [解析] 凯恩斯的货币需求理论认为，投机性货币需求与利率有关，是利率的函数，与利率呈负相关关系，即利率水平越高，投机性货币需求就越少；反之，则越多。

5. D [解析] 在弗里德曼的货币需求函数式中，y 表示实际的恒久性收入，即预期平均长期收入。

6. D [解析] 弗里德曼货币需求函数是 $\dfrac{M_d}{P}=f(y,w;r_m,r_b,r_e,\dfrac{1}{P}\times\dfrac{dp}{dt};u)$，$y$ 代表恒久收入，$\dfrac{1}{P}\times\dfrac{dp}{dt}$ 在弗里德曼的货币需求函数中代表预期物价变动率。r_b 代表债券预期收益率。

7. A [解析] 根据弗里德曼的货币需求函数，恒久性收入与货币需求量呈正相关关系。恒久性收入增加，货币需求增加。

8. A [解析] 弗里德曼把财富分为人力财富和非人力财富两类。在个人总财富中，人力财富所占比重越大，货币需求就越多，而非人力财富所占比重越大，货币需求则相对较少。

9. B [解析] 影响货币需求的最主要因素是恒久性收入，A 项错误；货币需求与 w（非人力财富占总财富比重）成反比，C 项错误；弗里德曼货币需求理论从微观角度考量货币需求，D 项错误。

Day 5

1. C [解析] 划分货币层次的目的主要是便于中央银行控制货币供给，各国关于货币层次的划分均有各自的划分标准，但基本思路均是按照货币的流动性来划分的。划分货币层次的重要依据是金融资产的流动性。

2. A [解析] 货币层次的划分依据为货币的流动性，流通中的现金（M0）流动性最强。

3. B [解析] M1：流通中现金＋单位活期存款。

4. C [解析] 2001 年 6 月，中国人民银行第一次修订货币供应量统计口径，将证券公司客户保证金计入 M2。

> • 考点再现
>
> $Q_{2\text{-}4}$ 我国的货币供应量分为以下几个层次。
>
> M0：流通中现金＋数字人民币。
>
> M1：M0＋单位活期存款。
>
> M2：M1＋储蓄存款＋单位定期存款＋单位其他存款＋证券公司客户保证金＋外资、合资金融机构存款＋住房公积金中心存款＋非存款类金融机构存款。
>
> M3：M2＋金融债券＋商业票据＋大额可转让定期存单等。

5. B [解析] 基础货币等于流通中现金加上银行准备金。其中流通中的现金即通货，包括纸币和硬币；银行准备金包括银行在中央银行的准备金存款和银行库存现金两种形式。

6. C [解析] 中央银行买入政府债券会导致基础货币等额增加。

7. A [解析] 存款乘数 $K=1/(r+e+c)=1/(20\%+4\%+1\%)=4$。

Day 6

1. B [解析] 货币均衡的实质是经济过程中商品劳务的供给与货币购买力表示的商品劳务需求之间的均衡，是货币流通与商品流通关系的具体体现。

2. ABC [解析] 货币均衡的标志包括物价水平变动率、货币流通速度的变动、货币供给增长率与国民生产总值增长率的比较。

3. A [解析] 在计划经济体制下或物价受到完全管制时，货币流通速度是衡量货币供求是否均衡的重要标志。

4. A [解析] 货币均衡不是指货币供给量和实际货币需求量一致，而是指货币供给量与适度货币需求量基本一致。供给量和适度需求量具体表现为一个区间值，而不是绝对值，这种现象即货币容纳量弹性。

5. D [解析] 需求拉动型通货膨胀是指总需求超过总供给，"过多的货币追求过少的商品"。

6. AD [解析] 根据通货膨胀的表现形态不同，可将通货膨胀分为公开型通货膨胀和隐蔽型通货膨胀。

7. A [解析] 成本推动型通货膨胀是西方学者试图从供给方面说明价格水平上涨的一种理论。它是指在没有超额需求的情况下，供给方面成本提高引起价格水平持续显著上涨。

8. C [解析] 在物价受人为因素全面或部分抑制的条件下实行严格的物价管制，货币供应量一旦过多，不能马上通过物价上涨表现出来。过多的货币供应量不能通过物价反映出来的部分必然导致货币流通速度减慢。

9. ABCE [解析] 物价管制引起的物价走低是通货紧缩的表现，并非通货紧缩的成因，D项错误。

● 考点再现

Q_9 通货紧缩的成因。

（1）紧缩性的货币政策与财政政策。在实行反通货膨胀政策时，政府通常要采取紧缩性的货币政策或财政政策，控制贷款或削减政府开支，限制工资增长等。这虽有利于控制物价上涨的幅度，但如果调控过度，又有可能导致货币供应不足，社会需求过分萎缩，市场开始疲软，出现政策紧缩型通货紧缩。在政府实行反通货膨胀政策时，当通货膨胀势头已得到抑制，由于从紧的财政政策和货币政策仍有一定的惯性，若主管部门未能适时调整政策，政策的负面影响就会显现。

（2）经济周期的变化。经济周期达到繁荣的高峰阶段，生产能力大量过剩，产品供过于求，可引起物价下跌，出现经济周期型的通货紧缩。

（3）结构失调。如果前期经济中的盲目扩张和投资造成了不合理的供给结构和过多的无效供给，当积累到一定程度时其必然会加剧供求之间的失衡。一方面，许多商品无法实现其价值，会迫使其价格下跌；另一方面，大量货币收入不能转变为消费和投资，呈现出有效需求不足的局面，这会导致结构型通货紧缩。另外，在经济发展的基础上，居民消费经历着由低向高的发展过程，消费结构不断调整，在消费升级中，某些原来式样的消费品相对饱和，销售不旺。同时，居民增加储蓄，以备进入下一阶段的高档消费。消费结构变化了，若生产结构的调整跟不上，必然形成消费增长速度放慢、市场需求和物价疲软不振的现象。

（4）投资和消费的有效需求不足。当预期实际利率进一步降低和经济走势不佳时，消费和投资会出现有效需求不足的情况，导致物价下跌，形成需求不足型通货紧缩。当金融体系效率较低时，金融机构不愿意贷款或提高贷款利率，便会出现"信贷紧缩"。信贷过度扩大产生大量不良投资和坏账时，金融机构"惜贷"引起信用紧缩，社会总需求也会减少，导致通货紧缩。

（5）国际市场的冲击。在国际经济不太景气的情况下，开放程度很高的国家会受到很大的影响，表现为出口下降、外资流入减少。出口下降会导致出口产品价格下降，而出口产品价格下降又会拉动国内相关产品价格的下降。外资流入的减少对经济增长不利，而经济增长速度放慢，自然又促使物价进一步下降。同时，本币汇率升值，会减少出口，扩大进口，加剧国内企业经营困难，促使消费需求锐减，导致物价持续下跌，出现外部冲击型通货紧缩。

（6）技术进步和金融创新的影响。技术进步提高了生产力水平，放松管制和改进管理降低了生产成本，因而会导致产品价格下降，出现成本压低型通货紧缩。同时，日益激烈的全球竞争和科技创新是生产率出现增长趋势、供给增加和物价下降的重要结构性因素。近几十年来，金融创新快速发展，信用货币的虚拟化程度不断提高，金融资本的投机和高杠杆运作规模迅速扩大。虚拟经济系统蕴含的巨大风险对实体经济造成严重的影响，如货币大幅贬值，股票指数大跌，房地产价格猛降，银行呆账剧增等。

本章强化测试

第二章 信用与利息

> **学习指导**
>
> 本章所涉知识点为信用与利息，试题难度中等。本章高频考点包括现代信用的主要形式、影响利率的因素、储蓄存款利息计算的规定、储蓄存款利息的计算方法、票据贴现计息。本章难点包括影响利率的因素、存贷款利息的计算。
>
> 本章相关的计算类题目是整本教材中的重难点，历年考查分值在 19 分左右。在学习时，不可对公式进行死记硬背，应理解各类公式的不同用法，在考试中灵活运用。

日期	考点
Day7	➤信用概述 ➤信用的产生和发展 ➤现代信用的主要形式
Day8	➤信用工具 ➤社会信用体系与社会征信体系建设
Day9	➤利息的性质 ➤利率的种类 ➤影响利率的因素
Day10	➤我国现行的利率体系 ➤利率市场化 ➤计算利息的基本方法
Day11	➤储蓄存款利息的计算 ➤单位存款利息的计算
Day12	➤定期结息计算 ➤利随本清计息 ➤票据贴现计息 ➤贷记卡透支利息的计算

▶▶ Day 7

▽ **考点**：信用概述

1. [单选] 经济学对信用的一般解释为：信用是一种以偿还（   ）为条件的资金借贷行为。

    A. 本金   B. 利息

C. 本金和支付利息 D. 税后利息

2. [单选] "信用关系建立在有偿的基础上,以还本付息为条件",体现的信用特征是(   )。
   A. 信用关系是一种债权债务关系
   B. 信用具有债务偿还性和债权收益性
   C. 信用活动具有风险性
   D. 信用关系中转移的是货币的所有权

3. [单选] 下列关于信用特征的说法中,错误的是(   )。
   A. 信用关系是一种债权债务关系 B. 信用具有债务偿还性和债权收益性
   C. 信用活动具有风险性 D. 信用风险是系统性风险

▼ 考点:信用的产生和发展

4. [单选](   )的出现是早期信用关系存在的前提条件。
   A. 私有财产 B. 国家财产
   C. 共同财产 D. 使用财产

5. [单选] 关于信用的产生,下列说法错误的是(   )。
   A. 私有财产的出现是早期信用关系存在的前提
   B. 商品货币关系是信用的客观经济基础
   C. 实物借贷先于货币借贷
   D. 货币出现后,实物借贷占据主导地位

6. [单选] 在信用的发展演变过程中,下列说法有误的是(   )。
   A. 高利贷信用利率高、剥削重
   B. 高利贷信用减慢了自然经济的解体和商品经济的发展
   C. 在资本主义制度下,信用表现为借贷资本的运动
   D. 信用经济以信用交易为主要交易方式的经济形态

▼ 考点:现代信用的主要形式

7. [单选] 以赊销商品和预付货款的基本形式提供信用的是(   )。
   A. 银行信用 B. 商业信用
   C. 国家信用 D. 租赁信用

8. [多选] 银行信用工具包括(   )。
   A. 银行存单 B. 期票
   C. 支票 D. 金融债券
   E. 汇票

9. [单选] 消费信用的具体形式不包括(   )。
   A. 消费信贷 B. 分期付款
   C. 赊销 D. 预付货款

10. [多选] 国家信用的作用主要有(   )。
    A. 增加税收 B. 调剂政府收支不平衡
    C. 弥补财政赤字 D. 筹集巨额资金

E. 协调经济发展

11. ［多选］国际金融机构贷款的一般特点有（　　）。
    A. 期限较长
    B. 利率较高
    C. 利率较低
    D. 条件优惠
    E. 审查较严格

12. ［单选］提供租赁设备或工具短期使用权的租赁形式是（　　）。
    A. 金融租赁
    B. 杠杆租赁
    C. 经营租赁
    D. 财务租赁

✎ 学习笔记

Day 8

考点：信用工具

1. [单选]（　　）是以书面形式发行和流通，保证债权人或投资人债权或所有权的凭证。
   A. 信息工具
   B. 信用文件
   C. 信用工具
   D. 信用证明

2. [多选] 下列属于信用工具特点的有（　　）。
   A. 偿还性
   B. 流动性
   C. 风险性
   D. 收益性
   E. 安全性

3. [单选] 下列信用工具中，属于直接融资信用工具的是（　　）。
   A. 银行承兑汇票
   B. 信用证
   C. 旅行支票
   D. 债券

4. [单选] 下列不属于信用风险缓释工具的是（　　）。
   A. 信用风险缓释合约
   B. 信用违约互换
   C. 信用风险缓释凭证
   D. 利率互换

5. [单选] 不定期信用工具主要是指（　　）。
   A. 国库券
   B. 股票
   C. 支票
   D. 可续期债券和永续债

6. [多选] 信用工具按偿还约定期限，可以分为（　　）。
   A. 短期信用工具
   B. 长期信用工具
   C. 不定期信用工具
   D. 间接融资信用工具
   E. 基础信用工具

7. [单选] 基础信用工具和衍生信用工具的划分标准是（　　）。
   A. 信用工具的性质
   B. 信用工具的发行者的性质
   C. 信用工具的期限
   D. 是否与实际信用活动直接相关

考点：社会信用体系与社会征信体系建设

8. [单选] 下列不属于征信活动形式的是（　　）。
   A. 个人信用调查
   B. 企业资信调查
   C. 信息征集
   D. 资信评级

9. [多选] 征信活动的特点包括（　　）。
   A. 独立性
   B. 信息性
   C. 公正性
   D. 安全性
   E. 时效性

10. [多选] 征信机构是指依法设立的专门从事征信业务即为信用信息服务的机构，包括（   ）。

   A. 信用信息登记机构　　　　　　　　B. 信用调查公司
   C. 信用评分公司　　　　　　　　　　D. 信用评级公司
   E. 征信管理部门

11. [多选] 征信监管的必要性体现在（   ）。

   A. 保证公众利益和国家经济信息安全
   B. 规范征信业的行为
   C. 需要政府对征信机构的开办条件和资质进行认定
   D. 保护适度竞争，避免信息分割和市场秩序混乱
   E. 政府监管会导致寻租行为

✎学习笔记

Day 9

▼ **考点**：利息的性质

1. [单选] 在商品经济条件下，利息归根结底是劳动者在社会再生产过程中创造的（　　）的一部分。
   A. 利润　　　　　　　　　　　　　　B. 资本
   C. 使用价值　　　　　　　　　　　　D. 商品

2. [单选] 利息来自价值时差，即现在物品和未来物品价值之间的差别是一切资本利息的来源，这种观点属于（　　）。
   A. 节欲等待论　　　　　　　　　　　B. 利息时差论
   C. 灵活偏好论　　　　　　　　　　　D. 利息报酬论

3. [单选] "利息是人们在特定时期内放弃货币周转灵活性的报酬"，这种观点属于（　　）。
   A. 利息报酬论
   B. 资本生产力论
   C. 节欲等待论
   D. 灵活偏好论

4. [单选] 强调资本是储蓄形成的，而增加储蓄就要减少目前消费，这种观点属于（　　）。
   A. 节欲等待论　　　　　　　　　　　B. 利息时差论
   C. 灵活偏好论　　　　　　　　　　　D. 利息报酬论

5. [单选] 利息是因暂时放弃货币的使用权而获得的报酬，这种观点属于（　　）。
   A. 节欲等待论　　　　　　　　　　　B. 利息时差论
   C. 灵活偏好论　　　　　　　　　　　D. 利息报酬论

▼ **考点**：利率的种类

6. [多选] 一般而言，提高贷款利率会使（　　）。
   A. 企业借款行为增加　　　　　　　　B. 借款企业利润减少
   C. 企业借款行为减少　　　　　　　　D. 借款企业成本增加
   E. 借款企业盈利机会减少

7. [单选] 剔除通货膨胀因素的利率称为（　　）。
   A. 官方利率　　　　　　　　　　　　B. 开盘利率
   C. 套算利率　　　　　　　　　　　　D. 实际利率

8. [多选] 下列关于浮动利率的说法中，正确的有（　　）。
   A. 操作简便易行
   B. 便于借款人计算借款成本
   C. 借贷双方承担的利率风险较小
   D. 一般适用于短期借款
   E. 其水平在整个借贷期间可定期调整

▽ **考点**：影响利率的因素

9. ［单选］决定利率的基本因素是（　　）。
   A. 贷款利率 B. 存款利率
   C. 社会平均利润率 D. 浮动利率

10. ［单选］当经济衰退，商品过剩，整体价格水平下降时，国家一般采用的调控方法是（　　）。
    A. 提高税率 B. 降低利息率
    C. 升值本币 D. 提高法定存款准备金率

11. ［单选］当经济增长过热，物价上涨过快时，国家一般通过（　　）实施调控。
    A. 降低利率 B. 降低贴现率
    C. 提高利率 D. 增加货币供应量

✎ 学习笔记

Day 10

考点：我国现行的利率体系

1. [单选] 中央银行利率是整个利率体系的主导利率，因此，人们把中央银行的利率称为（　　）。
   A. 优惠利率　　　　　　　　　　B. 基准利率
   C. 市场利率　　　　　　　　　　D. 实际利率

2. [单选] 金融机构利率是金融机构对（　　）实行的各种利息率。
   A. 中央银行　　　　　　　　　　B. 金融监管部门
   C. 银行和证券公司　　　　　　　D. 企业单位和个人

3. [单选] 我国现行的利率体系是以（　　）为基础、（　　）为主体和（　　）并存的利率体系。
   A. 金融机构利率、市场利率、中央银行利率
   B. 金融机构利率、中央银行利率、市场利率
   C. 中央银行利率、市场利率、金融机构利率
   D. 中央银行利率、金融机构利率、市场利率

4. [多选] 下列属于市场利率的有（　　）。
   A. 金融机构同业存款利率
   B. LPR
   C. 票据市场利率
   D. 城乡居民储蓄存款利率
   E. 债券市场利率

考点：利率市场化

5. [多选] 我国利率市场化的内容有（　　）。
   A. 商业银行存贷款利率市场化
   B. 中央银行间接调控利率
   C. 降低或提高市场利率水平
   D. 国有商业银行直接调控利率
   E. 中央银行直接调控利率

6. [单选] 商业银行的存款利率完全是由（　　）自主决定的。
   A. 政府　　　　　　　　　　　　B. 银行
   C. 企业　　　　　　　　　　　　D. 个人

7. [单选] 我国利率市场化改革的总体思路是（　　）。
   A. 先本币，后外币；先贷款，后存款；先长期、大额，后短期、小额
   B. 先外币，后本币；先贷款，后存款；先长期、大额，后短期、小额
   C. 先外币，后本币；先存款，后贷款；先长期、大额，后短期、小额
   D. 先外币，后本币；先贷款，后存款；先短期、小额，后长期、大额

▼ 考点：计算利息的基本方法

8. ［单选］某客户在某年 6 月 20 日购买了 2 000 元 2 年期凭证式国债，年利率为 4.32%，在 2 年后的 6 月 20 日办理兑付时，单利计息，其应得的利息是（　　）元。

   A. 22.65　　　　　　　　　　　　　　　B. 86
   C. 132　　　　　　　　　　　　　　　　D. 172.8

9. ［单选］某人借款 1 万元，如果月利率为 3‰，借款期限为 10 个月，若采用单利计息，则到期时借款人应支付利息为（　　）元。

   A. 300　　　　　　　　　　　　　　　　B. 3 000
   C. 250　　　　　　　　　　　　　　　　D. 2 500

10. ［单选］某人向银行存入 100 万元，存期为 3 年，复利计息，年利率为 5%，则此人 3 年后一共能得到（　　）万元。

    A. 100　　　　　　　　　　　　　　　　B. 15.8
    C. 110　　　　　　　　　　　　　　　　D. 115.8

11. ［单选］某人借款 1 万元，如果年利率为 5%，每年计息一次，2 年到期后归还，按复利计算，到期时借款人应支付的利息为（　　）元。

    A. 11 025　　　　　　　　　　　　　　B. 1 025
    C. 1 035　　　　　　　　　　　　　　　D. 11 035

✏ 学习笔记

Day 11

▼ **考点**：储蓄存款利息的计算

1. [单选] 根据《储蓄管理条例》，部分提前支取定期储蓄存款时，正确的做法是（　　）。
   A. 全部储蓄存款按存款日挂牌公告的活期储蓄存款利率计付利息
   B. 全部储蓄存款按取款日挂牌公告的活期储蓄存款利率计付利息
   C. 提前支取的部分按存款日挂牌公告的活期储蓄存款利率计付利息
   D. 提前支取的部分按取款日挂牌公告的活期储蓄存款利率计付利息

2. [单选] 假定2021的6月20日某工业企业活期存款的累计计息积数为500 000，月利率为1.5‰，则银行应付给该工业企业的每日利息是（　　）元。
   A. 45　　　　　　　　　　　　　　　B. 37.5
   C. 25　　　　　　　　　　　　　　　D. 12.5

3. [案例] 某储户2024年3月10日存入银行活期储蓄存款20 000元，在同年3月20日该储户提取全部活期储蓄存款20 000元（清户），假设存入日挂牌公告的活期储蓄存款月利率为3‰，提取日（清户日）挂牌公告的活期储蓄存款月利率为2.25‰，在该活期存款存期间储户没有发生存取行为。在提取活期存款当天，该储户将其中的10 000元存为整存整取一年期定期存款，假设存入时该档次存款月利率为4.25‰，储户于第二年3月20日到期提取全部定期存款。（每月按30天计算）

   根据以上资料，回答下列问题：

   (1) 该储户提取全部活期存款20 000元时，其日计息积数为（　　）。
   A. 20 000　　　　　　　　　　　　　B. 200 000
   C. 220 000　　　　　　　　　　　　 D. 600 000

   (2) 该储户提取全部活期存款20 000元时，银行应付利息为（　　）元。
   A. 15　　　　　　　　　　　　　　　B. 20
   C. 300　　　　　　　　　　　　　　 D. 450

   (3) 该储户在第二年到期提取全部定期存款10 000元时，银行应付利息为（　　）元。
   A. 42.5　　　　　　　　　　　　　　B. 425
   C. 510　　　　　　　　　　　　　　 D. 1 275

   (4) 在我国，为该储户计息使用的挂牌公告的定期储蓄和活期储蓄存款利率属于（　　）。
   A. 浮动利率　　　　　　　　　　　　B. 名义利率
   C. 固定利率　　　　　　　　　　　　D. 实际利率

4. [多选] 下列关于自动转存的说法中，错误的有（　　）。
   A. 按原存款期限自动转期续存
   B. 转存时，所生利息算入本金
   C. 转存时，按转存日利率重新起息
   D. 若转存后不足一个存期支取，前期利息计入本金
   E. 若转存后不足一个存期支取，按转存日活期储蓄存款利率计息

▼ 考点：单位存款利息的计算

5. ［多选］下列关于单位定期存款的说法中，错误的有（　　）。

   A. 整个存期内可多次提前支取

   B. 全部提前支取的，按支取日挂牌公告的活期存款利率计息

   C. 到期不取，逾期部分按到期日挂牌公告的活期存款利率计付利息

   D. 遇到利率调整时分段计息

   E. 提前支取后，不足起存金额则予以清户

6. ［单选］单位活期存款一般采用余额表计息，余额表各户逐日余额相加之和即为（　　）。

   A. 利息总数　　　　　　　　　　　　B. 计息积数

   C. 利息余额　　　　　　　　　　　　D. 存款余额

✎ 学习笔记

Day 12

考点：定期结息计算

1. [单选] 某银行 2021 年 6 月 23 日发放给某食品厂短期贷款 150 万元，期限为 9 个月，假定月利率为 7‰，采用定期结息法计算的该银行 2021 年 9 月 20 日应结利息为（　　）元。
   A. 3 600　　　　　　　　　　B. 30 000
   C. 31 500　　　　　　　　　　D. 38 000

2. [多选] 贷款利息计算中的定期结息一般采用（　　）计息。
   A. 资产负债表
   B. 计息余额表
   C. 贷款分户账
   D. 支付结算凭证
   E. 财务状况变动表

3. [单选] 国内某银行 2019 年 8 月 18 日向某公司发放贷款 100 万元，贷款期限为 1 年，假定月利率为 4.5‰，该公司在 2020 年 8 月 18 日按期偿还贷款时应付利息为（　　）元。
   A. 54 000　　　　　　　　　　B. 33 500
   C. 4 500　　　　　　　　　　 D. 4 800

考点：利随本清计息

4. [单选] 某企业向银行借款 10 万元，贷款期限为 1 年，假定月利率为 9.5‰，则该公司 1 年后还款时应付利息为（　　）元。
   A. 11 400　　　　　　　　　　B. 14 000
   C. 34 000　　　　　　　　　　D. 16 750

5. [单选] 某银行 2020 年 6 月 20 日向某公司发放贷款 50 万元，贷款期限为 1 年，假定贷款月利率为 6.3‰。按利随本清计息，该公司在第二年 6 月 20 日偿还贷款时应付利息为（　　）元。
   A. 10 500　　　　　　　　　　B. 31 500
   C. 37 800　　　　　　　　　　D. 378 000

题目讲解

考点：票据贴现计息

6. [单选] 贴现利息的决定因素不包括（　　）。
   A. 贴现票据的票面金额　　　　B. 贴现率
   C. 市场利率　　　　　　　　　D. 贴限期

7. [单选] 某客户于 2021 年 5 月 1 日向银行申请贴现，票据金额为 60 万元，票据到期日是 2021 年 5 月 11 日，该银行审查同意后办理贴现，假设贴现率为月利率 2.25‰，贴现期按 10 天计算，贴现利息为（　　）元。
   A. 495　　　　　　　　　　　　B. 1 250
   C. 45　　　　　　　　　　　　 D. 450

▼ **考点**：贷记卡透支利息的计算

8. [单选] 贷记卡发卡银行的记账日至发卡银行规定的到期还款日之间为（　　）。
   A. 结息期　　　　　　　　　　　　B. 贴息期
   C. 贴现期　　　　　　　　　　　　D. 免息还款期

9. [单选] 某人持有一张贷记卡消费，下列消费行为中，可以享受免息还款期的是（　　）。
   A. 选择最低还款额方式　　　　　　B. 超过信用额度用卡
   C. 支取现金　　　　　　　　　　　D. 非现金交易

✎ 学习笔记

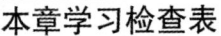

本章学习检查表

知识点名称	初次学习		第一次复习		第二次复习	
	做对题目数/总题目数	学习日期	做对题目数/总题目数	复习日期	做对题目数/总题目数	复习日期
信用概述						
信用的产生和发展						
现代信用的主要形式						
信用工具						
社会信用体系与社会征信体系建设						
利息的性质						
利率的种类						
影响利率的因素						
我国现行的利率体系						
利率市场化						
计算利息的基本方法						
储蓄存款利息的计算						
单位存款利息的计算						
定期结息计算						
利随本清计息						
票据贴现计息						
贷记卡透支利息的计算						

填写建议：

"做对题目数/总题目数"记录自己各知识点做题的情况，比如，某知识点总题目数10题，自己做对了其中7题，记录为7/10。

"学习日期"和"复习日期"记录自己学习和复习各知识点的日期。

备忘录

参考答案及解析

Day 7

1. C [解析] 从经济意义上看，信用是一种以偿还本金或商品并支付利息为条件的借贷行为。信用活动中形成的借贷双方的债权债务关系，体现了一定的社会生产关系。

2. B [解析] 信用具有债务偿还性和债权收益性。债务偿还性是指商品或货币的使用权让渡的先决条件是偿还；债权收益性是指信用关系建立在有偿的基础上，以还本付息为条件。

3. D [解析] 信用风险为典型的非系统性风险，D项错误。

4. A [解析] 私有财产的出现是早期信用关系存在的前提条件。在原始社会末期，随着生产力水平的提高，除了保证生存以外的剩余产品出现，原始的公有制度开始分化瓦解，出现了私有财产。

5. D [解析] 在货币出现以后，货币借贷逐渐取代实物借贷，占据信用活动的主导地位，D项错误。

6. B [解析] 高利贷信用加速了自然经济的解体和商品经济的发展。

7. B [解析] 商业信用是指工商企业之间买卖商品时，以延期付款或预付货款的形式提供的信用。它是以商品形态提供的信用，如赊销赊购、分期付款、预付货款等。

8. ACD [解析] 银行信用工具包括银行存单、支票和金融债券。

9. D [解析] 消费信用的具体形式包括赊销、分期付款和消费信贷。D项是商业信用的具体形式。

10. BCE [解析] 国家信用发挥的作用包括：①国家信用是调剂政府收支短期不平衡的手段；②国家信用是弥补财政赤字的重要手段；③国家信用是协调经济发展的重要手段。

11. ACDE [解析] 国际金融机构贷款一般期限较长，利率较低，条件优惠，但审查较严格。

12. C [解析] 租赁信用的主要形式包括：①金融租赁，是一种融资和融物相结合的租赁形式。其做法是先由承租人选好所需租赁的设备，由租赁公司出资购买，并出租给承租人，租约期满后租赁公司回收全部投资。②经营租赁，是一种提供租赁设备或工具短期使用权的租赁形式。出租人将自己经营的设备或工具反复出租，不靠一次出租收回设备或工具的价款及利息，也不单靠某一次租金获得利润。因此，经营租赁是一种由出租人提供维修、保养、管理服务，可撤销的，不完全支付的短期租赁形式。

> **●考点再现**
>
> $Q_{7\text{-}12}$ 现代信用的主要形式。
> （1）商业信用，是指工商企业之间买卖商品时，以延期付款或预付货款的形式提供的信用。
> （2）银行信用，是指银行及其他金融机构以货币形式，通过存款、贷款等业务提供的信用。
> （3）国家信用，是指国家及其附属机构作为债务人，从社会上筹集资金以满足财政需要而体现的一种信用形式。
> （4）消费信用，是指工商企业或金融机构向消费者个人提供，用于满足其生活消费需要的信用。

> （5）国际信用，是指国际社会主体相互提供的信用，是国际经济发展过程中资本运动的主要形式。
>
> （6）租赁信用，是指通过出租租赁物使用权而收取租金的一种信用形式。

Day 8

1. C ［解析］信用工具是以书面形式发行和流通，保证债权人或投资人债权或所有权的凭证。

2. ABCD ［解析］信用工具种类很多且各具特点，但都具有偿还性、流动性、风险性和收益性等特点，并非所有信用工具都具有安全性。

3. D ［解析］直接信用就是资金短缺单位（非金融机构）在金融市场上从资金盈余单位直接融通货币资金的信用形式。最常见的直接融资信用工具是债券。

4. D ［解析］利率互换主要规避市场风险，不属于信用风险缓释工具。

5. D ［解析］不定期信用工具主要是指偿还期不确定的信用工具，如各类可续期债券、永续债等。

6. ABC ［解析］信用工具按偿还约定期限，可以分为短期信用工具、长期信用工具和不定期信用工具。D项是按照信用工具发行者的性质划分的类型。E项是按照是否与实际信用活动直接相关划分的类型。

7. D ［解析］按是否与实际信用活动直接相关，信用工具分为基础信用工具和衍生信用工具。

8. C ［解析］征信活动主要有4种形式，即个人信用调查、企业资信调查、资信评级、商业市场调查。

9. ABCE ［解析］征信活动的特点包括独立性、信息性、公正性、时效性。

10. ABCD ［解析］征信机构包括信用信息登记机构、信用调查公司、信用评分公司、信用评级公司。

11. ABCD ［解析］征信监管的必要性体现在：①征信业需要政府的有效监管来保证公众利益和国家经济信息安全；②征信业是一个需要社会公信力的行业，信誉是征信业的生命，需要政府有效监管，规范征信业的行为，以确保征信业的社会公信力；③征信业是一个需要有一定条件和门槛的行业，需要政府对征信机构的开办条件和资质进行认定；④征信业是一个必须保护适度竞争的行业，市场的培育需要一个过程，征信机构过多、过滥会导致信息分割和市场秩序混乱。

Day 9

1. A ［解析］在商品经济条件下，无论何种生产方式，利息都是劳动者创造的利润的一部分，是社会财富再分配的手段，体现了一定的社会生产关系。

2. B ［解析］利息时差论又称时间偏好论，这种理论认为利息来自价值时差，即现在物品和未来物品价值之间的差别是一切资本利息的来源。

3. D ［解析］灵活偏好论：人们对货币这种具有完全流动性的资产有一定偏好，利息是人们在特定时期内放弃货币周转灵活性的报酬。

4. A ［解析］节欲等待论强调资本是储蓄形成的，而增加储蓄就要减少目前消费。

5. D ［解析］利息报酬论强调利息是因暂时放弃货币的使用权而获得的报酬。

> **●考点再现**
>
> **Q₂₋₅** 西方学者对利息性质解读的代表性观点。
>
> （1）利息报酬论。这种理论认为利息是一种报酬，利息是贷款人因暂时放弃货币的使用权而获得的报酬。利息是贷款人因承担风险而获得的报酬，所得报酬应与承担风险大小相适应。
>
> （2）资本生产力论。这种理论认为利息的本质是资本自身生产力的产物。
>
> （3）节欲等待论。这种理论认为利息是资本所有者对目前享乐和满足的牺牲，是其放弃自己的消费欲望、节制消费的报酬。
>
> （4）利息时差论。利息时差论又称时间偏好论，这种理论认为利息来自价值时差，即现在物品和未来物品价值之间的差别是一切资本利息的来源。
>
> （5）灵活偏好论。灵活偏好论又称流动偏好论，这种理论认为利息是人们在特定时期内放弃货币周转灵活性的报酬。

6. BCDE〔解析〕贷款利率的高低直接决定金融机构的利息收入和借款人的筹资成本，贷款利率越高，金融机构的利息收入越多，借款企业的筹资成本越高。一般而言，提高贷款利率会使借款成本增加，从而使借款企业利润减少，同时，也使借款企业盈利机会减少，借款行为相应减少。

7. D〔解析〕名义利率是以名义货币表示的利率；实际利率是名义利率扣除通货膨胀因素以后的真实利率。

8. CE〔解析〕实行浮动利率时，借款成本难以计算，但借贷双方承担的利率变化的风险小。浮动利率一般适用于长期借贷。A、B、D三项错误。

9. C〔解析〕利息是利润的一部分，社会平均利润率是决定利率的基本因素。

10. B〔解析〕当经济衰退，需要采取刺激经济增长的方法。提高税率和法定存款准备金率都是抑制经济增长的方法，A、D两项错误；本币升值，不利于出口，不利于经济增长，C项错误。

11. C〔解析〕当经济增长过热，物价上涨过快时，中央银行就要实行紧缩的货币政策，提高利率。当经济衰退，商品过剩，价格下降时，中央银行就要实行扩张的货币政策，降低利率。

> **●考点再现**
>
> **Q₉₋₁₁** 影响利率的因素。
> 1. 社会平均利润率
> （1）社会平均利润率是决定利率的基本因素。
> （2）社会平均利润率与利率成正比：
> ①社会平均利润率高→利润总额大→借贷双方可分割的总额大→利率高。
> ②社会平均利润率高→生产流通领域投入资本量大→借贷资本需求增加→利率高。
> （3）社会平均利润率是利率水平的上限。
> 2. 借贷成本
> （1）银行借贷成本＝利息＋业务费用。
> （2）借贷成本高→利率高。
> 3. 资金供求状况
> 供大于求→利率下降；求大于供→利率上涨。
> 4. 借贷期限
> 借贷期限长→贷方承担的成本高、风险大，借方利润多→利率高。

5. 借贷风险

风险高→利率高。

6. 国家宏观经济政策

(1) 央行通过基准利率影响市场利率和利率总水平。

(2) 宏观经济政策影响利率：

①紧缩性货币政策→货币量减少→提高利率。

②扩张性货币政策→货币量增加→降低利率。

7. 国际利率水平

(1) 国内利率高于国际利率→资本流入。

(2) 国内利率低于国际利率→资本流出。

Day 10

1. B [解析] 中央银行利率是整个利率体系中的主导利率，对商业银行利率和市场利率具有调节作用。因此，人们把中央银行利率称为基准利率。

2. D [解析] 金融机构利率是金融机构对企业单位和个人的各种利率。

3. D [解析] 我国现行的利率体系是以中央银行利率为基础、金融机构利率为主体和市场利率并存的利率体系。

4. ABCE [解析] 市场利率主要包括贷款市场报价利率（LPR）、金融机构同业存款利率、商业银行内部资金往来利率、拆借市场利率、债券市场利率和票据市场利率等。

● 考点再现

Q_{1-4} 我国现行利率体系如图 2-1 所示。

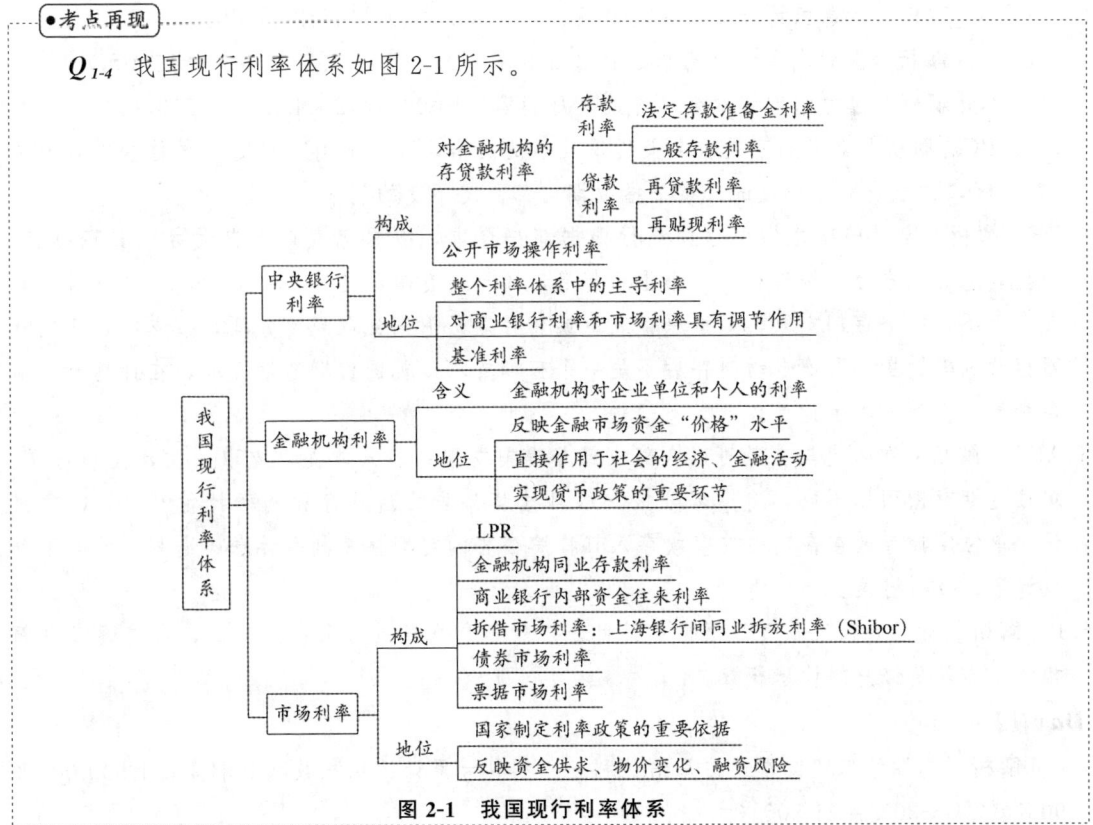

图 2-1 我国现行利率体系

5. AB ［解析］利率市场化包括：①商业银行存贷款利率市场化；②中央银行间接调控利率。

6. B ［解析］存款利率完全是由银行自主决定的，实行盯住同业拆借利率上下浮动的办法。

7. B ［解析］我国利率市场化改革的总体思路是"先外币，后本币；先贷款，后存款；先长期、大额，后短期、小额"。

8. D ［解析］单利计息公式为：利息＝本金×利率×期数＝2 000×4.32％×2＝172.8（元）。

9. A ［解析］单利计息是指在计算利息时，不论期限长短，仅按原本金和规定利率计算利息，所生利息不再加入本金重复计算利息的计息方法。计算公式为：利息＝本金×利率×期限＝10 000×3‰×10＝300（元）。

10. D ［解析］复利计息是指在计算利息时，按一定期限（如1年），将所生利息加入本金再计算利息，逐期滚算的计息方法，俗称"利滚利"。计算公式为：本利和＝本金×（1＋利率）^{期数}＝100×（1＋5％）^{3}≈115.8（万元）。

11. B ［解析］复利计息公式为：本利和＝本金×（1＋利率）^{期数}，利息＝本利和－本金＝10 000×（1＋5％）^{2}－10 000＝1 025（元）。

Day 11

1. D ［解析］未到期的定期储蓄存款，全部提前支取的，按支取日挂牌公告的活期储蓄存款利率计付利息；部分提前支取的，提前支取的部分按支取日挂牌公告的活期储蓄存款利率计付利息，其余部分到期时按存单开户日挂牌公告的定期储蓄存款利率计付利息。

2. C ［解析］应付利息＝计息积数和×日利率＝500 000×1.5‰÷30＝25（元）。

3. （1）B ［解析］计息积数＝每次存款余额×存期＝20 000×10＝200 000。

   （2）A ［解析］应付利息＝计息积数和×日利率＝200 000×2.25‰÷30＝15（元）。

   （3）C ［解析］应付利息＝本金×月数×月利率＝10 000×12×4.25‰＝510（元）。

   （4）BC ［解析］名义利率是以名义货币表示的利率，B项正确。固定利率是在借贷业务发生时，由借贷双方确定的，整个借款期内都固定不变的利率，C项正确。

4. DE ［解析］自动转存是指由存款银行根据储户要求，按原存款期限自动办理转期续存，所生利息并入本金，按转存日利率重新起息，不开新存单，待客户支取时，一并支付。若转存后不足一个存期支取，则按原存款（或转存款）逾期支取规定办理，按支取日活期储蓄存款利率计息。再次自动转存后不足一个存期支取，视同前期逾期支取，在计息时，前期利息不再并入本金计息。

5. ACD ［解析］单位定期存款可以全部或部分提前支取，但只能提前支取一次，A项错误。单位定期存款到期不取，逾期部分按支取日挂牌公告的活期存款利率计付利息，C项错误。单位定期存款在存期内按存款存入日挂牌公告的定期存款利率计息，遇利率调整不分段计息，D项错误。

6. B ［解析］计息余额表是每日根据各科目分户账各户当日最后余额抄列的，各户逐日余额相加之和就是该户的计息积数。

Day 12

1. C ［解析］定期结息即按季或按月结计利息。利息＝累计计息积数×日利率＝1 500 000×90×（7‰÷30）＝31 500（元）。

2. BC [解析] 定期结息即按季或按月结计利息，一般采用计息余额表或贷款分户账计息。

3. A [解析] 定期结息计息公式为：利息＝累计计息积数×日利率＝1 000 000×（12×30）×（4.5‰÷30）＝54 000（元）。

4. A [解析] 利随本清计息公式为：利息＝本金×年（月）数×年（月）利率＝100 000×9.5‰×12＝11 400（元）。

5. C [解析] 利随本清计息公式为：利息＝本金×年（月）数×年（月）利率＝500 000×6.3‰×12＝37 800（元）。

6. C [解析] 贴现利息的决定因素是贴现票据的票面金额、贴现率和贴现期。

7. D [解析] 贴现利息的计算公式为：贴现利息＝票面金额×贴现率×贴限期＝600 000×（2.25‰÷30）×10＝450（元）。

8. D [解析] 贷记卡持卡人的非现金交易享受免息还款期待遇。银行记账日至发卡银行规定的到期还款日（又称最晚还款日）之间为免息还款期。

9. D [解析] 贷记卡的非现金交易享受免息还款期，持卡人在到期还款日前偿还款项，无需支付利息。

本章强化测试

第三章 金融机构

本章所涉知识点为金融机构,内容较简单,倾向于考查记忆性知识点。高频考点包括中央银行、我国的金融监管机构、商业银行概述、金融资产管理公司、信托公司。知识点难度为一般。

本章所涉知识点以文字性内容为主,历年考查分值在12分左右。考查以概念类内容为主,考生在学习中应注意各概念、理论的区别。

日期	考点
Day13	➢金融机构的性质与职能 ➢金融机构的分类
Day14	➢中央银行
Day15	➢政策性银行 ➢开发性金融机构 ➢商业银行
Day16	➢证券公司 ➢基金管理公司 ➢保险公司
Day17	➢信托公司 ➢财务公司 ➢信用担保机构 ➢金融租赁公司 ➢理财子公司 ➢其他银行业金融机构

▶▶▶ Day 13

考点:金融机构的性质与职能

1. [单选] 一般而言,在金融体系中处于核心地位的金融机构是( )。
   A. 商业银行　　　　　　　　　　B. 专业银行
   C. 投资银行　　　　　　　　　　D. 中央银行

2. [单选] 金融机构通过吸收存款或发行各种金融工具,从不同部门集聚资金,积少成多,续短为长,然后再通过一定的专业化运作将资金提供给需求者,促进储蓄向投资转化并最终实现资金价值的增值。以上所述是金融机构的( )职能。
   A. 充当信用中介,便利资金融通　　　B. 充当支付中介,便利支付结算

C. 提供金融服务，降低交易成本 D. 获得较完整信息，改善信息不对称

3. ［单选］为企事业单位、个人客户之间完成货币收付转移或清偿，是指金融中介的（　　）功能。

　　A. 转移风险 B. 信用中介
　　C. 稳定市场 D. 支付中介

4. ［单选］金融中介利用其规模经济和专业优势，可以降低金融活动的（　　）。

　　A. 沉没成本 B. 重置成本
　　C. 交易成本 D. 历史成本

▼ 考点：金融机构的分类

5. ［单选］在最初资金提供者和最终资金使用者之间进行债权债务关系转换活动的金融机构通常是（　　）金融中介。

　　A. 契约型 B. 间接融资类
　　C. 调控型 D. 直接融资类

6. ［单选］下列金融机构中，不以营利为目标的金融机构是（　　）。

　　A. 村镇银行 B. 中外合资商业银行
　　C. 大型国有控股商业银行 D. 政策性银行

7. ［单选］下列金融机构中，不属于按资金来源方式划分的金融机构的是（　　）。

　　A. 保险类金融机构 B. 存款类金融机构
　　C. 契约型储蓄机构 D. 投资性中介机构

✎ 学习笔记

Day 14

▼ **考点**：中央银行

1. [单选] 下列中央银行的职能中，属于"银行的银行"职能的是（　　）。
A. 为国家持有和经营管理国际储备　　B. 充当商业银行的最后贷款人
C. 代理政府债券发行　　D. 统一货币发行与流通

2. [单选] 目前我国的中央银行制度属于（　　）制度。
A. 单一中央银行　　B. 复合中央银行
C. 准中央银行　　D. 货币局

3. [单选] 新加坡的中央银行制度是（　　）。
A. 复合中央银行制度　　B. 单一中央银行制度
C. 准中央银行制度　　D. 跨国中央银行制度

4. [多选] 中央银行的职能包括（　　）。
A. 发行的银行　　B. 银行的银行
C. 政府的银行　　D. 企业的银行
E. 个人的银行

5. [单选] 下列不能体现中央银行作为"政府的银行"职能的是（　　）。
A. 经营或代理国库
B. 代理政府债券发行
C. 为政府融通资金
D. 垄断货币发行权

6. [单选] 下列金融机构中，垄断货币发行权的是（　　）。
A. 政策性银行　　B. 商业银行
C. 中央银行　　D. 投资银行

7. [单选] 当央行降低法定存款准备金率，将导致商业银行货币供应能力（　　）。
A. 速度放缓　　B. 调高
C. 降低　　D. 无影响

8. [多选] 下列关于中央银行的业务活动与金融调控的说法，正确的有（　　）。
A. 公开市场业务可以宣示央行政策意图
B. 公开市场业务对金融机构的干扰与冲击较小
C. 中央银行调节货币供应量最常用的方法是存款准备金政策
D. 中央银行外汇储备应当相当于 3 个月的进口额
E. 央行发放再贷款导致货币供应量减少

✎ **学习笔记**

Day 15

▽ 考点：政策性银行

1. [单选] 政策性银行为其所支持的资金融通活动提供信用保证是政策性银行的（　　）业务。
   A. 存款 B. 贷款
   C. 担保 D. 投资

2. [多选] 下列属于我国政策性银行的有（　　）。
   A. 投资银行 B. 中国农业银行
   C. 中国农业发展银行 D. 中国进出口银行
   E. 国家开发银行

▽ 考点：开发性金融机构

3. [单选]（　　）是指具有准政府性质，以国家信用为基础，以市场业绩为支柱，以服务国家发展战略为宗旨，以中长期投融资为载体，在实现政府发展目标、弥补市场失灵、提供公共产品等方面具有独特优势和作用的金融机构，是经济体系中不可替代的重要组成部分。
   A. 政策性金融机构 B. 开发性金融机构
   C. 一般金融机构 D. 非银行金融机构

4. [单选] 下列关于开发性金融机构的说法，错误的是（　　）。
   A. 具有准政府性质
   B. 信贷资金财政化
   C. 以中长期投融资为载体
   D. 既开展政策性金融业务，又开展商业性金融业务

▽ 考点：商业银行

5. [单选] 在信用工具流通和转账结算的基础上，商业银行利用吸收的存款发放贷款，贷款转存，存款又可发放贷款，如此循环，它体现了商业银行的（　　）职能。
   A. 信用创造 B. 信用中介
   C. 聚集资金 D. 支付中介

6. [多选] 商业银行的现金类资产包括（　　）。
   A. 库存现金
   B. 拆入资金
   C. 存放在中央银行的资金
   D. 向中央银行借入款项
   E. 存放同业款项

7. [单选] 票据贴现属于商业银行的（　　）。
   A. 资产业务 B. 负债业务
   C. 中间业务 D. 表外业务

8. ［单选］下列属于商业银行信用创造职能的是（　　）。
   A. 通过存款账户为客户办理转账结算
   B. 将吸收的存款贷放后形成新的存款来源
   C. 为客户提供财务咨询与代发工资服务
   D. 集中社会闲置资金并贷给资金需求者

9. ［多选］商业银行的资产业务有（　　）。
   A. 现金类资产业务
   B. 贷款业务
   C. 租赁业务
   D. 票据贴现业务
   E. 投资类资产业务

10. ［多选］商业银行的负债来源包括（　　）。
    A. 自有资金
    B. 非存款负债
    C. 存款负债
    D. 贷款业务
    E. 票据贴现

11. ［单选］下列关于农村合作银行实行资产负债比例管理的说法，有误的是（　　）。
    A. 贷款余额与存款余额的比例不得超过80%
    B. 流动性资产余额与流动性负债余额的比例不得低于25%
    C. 对同一借款人贷款余额与银行资本余额的比例不得超过20%
    D. 流动性负债余额与流动性资产余额的比例不得低于25%

12. ［单选］下列不属于我国外资银行营业性机构的是（　　）。
    A. 外商独资银行
    B. 中外合资银行
    C. 外国银行分行
    D. 外国银行代表处

学习笔记

Day 16

考点：证券公司

1. ［单选］证券公司在美国被称为（　　）。
   A. 保险公司　　　　　　　　B. 基金机构
   C. 承销机构　　　　　　　　D. 投资银行

2. ［单选］证券承销是证券公司最本源、最基础的业务活动，通常的承销方式不包括（　　）。
   A. 分销　　　　　　　　　　B. 代销
   C. 余额包销　　　　　　　　D. 全额包销

3. ［单选］（　　）是指在证券市场，特许交易商在其愿意的水平上不断向交易者报出某些特定证券的买入价和卖出价，并在所报价位上接受买卖要求。
   A. 做市商制度
   B. 保荐制度
   C. 自营商制度
   D. 承销商制度

考点：基金管理公司

4. ［单选］公募基金管理公司注册资本不低于（　　）人民币。
   A. 2 000 万元　　　　　　　B. 5 000 万元
   C. 1 亿元　　　　　　　　　D. 10 亿元

5. ［单选］下列不属于公开募集基金的基金管理人职责的是（　　）。
   A. 办理基金备案手续
   B. 安全保管基金财产
   C. 召集基金份额持有人大会
   D. 确定基金份额申购、赎回价

考点：保险公司

6. ［单选］属于保险公司的派生职能的是（　　）。
   A. 收益职能
   B. 分摊经济损失职能
   C. 投资职能
   D. 经济补偿职能

7. ［单选］保险公司与投保人之间订立保险合同，由保险公司在被保险人发生保险事故时进行赔付，体现了保险公司的（　　）职能。
   A. 分摊损失
   B. 经济补偿
   C. 投资管理
   D. 防灾防损

题目讲解

8. ［多选］保险公司的主要业务包括（   ）。
   A. 投资 B. 保险承保
   C. 经济补偿 D. 保险理赔
   E. 保险资金运用

9. ［多选］保险产品按照保险标的可以划分为（   ）。
   A. 人身保险 B. 商业保险
   C. 财产保险 D. 社会保险
   E. 养老保险

学习笔记

Day 17

考点：信托公司

1. [单选] 下列机构中，充当受托人的金融机构是（　　）。
   A. 融资公司　　　　　　　　　　　B. 贷款公司
   C. 担保公司　　　　　　　　　　　D. 信托公司

2. [多选] 信托公司的主要职能有（　　）。
   A. 信用创造　　　　　　　　　　　B. 创造派生存款
   C. 融通资金　　　　　　　　　　　D. 沟通协调经济关系
   E. 社会投资

3. [多选] 根据《信托公司管理办法》，我国信托公司可以从事的业务活动有（　　）。
   A. 资金信托　　　　　　　　　　　B. 不动产信托
   C. 贷款证券化　　　　　　　　　　D. 企业资产重组
   E. 财务顾问

考点：财务公司

4. [单选] 在我国，依托大型企业集团成立的，主要为企业集团成员技术改造、产品开发以及产品销售服务等环节提供服务的金融机构称为（　　）。
   A. 金融租赁公司　　　　　　　　　B. 财务公司
   C. 投资银行　　　　　　　　　　　D. 合作银行

5. [单选] 下列不属于财务公司从事业务的是（　　）。
   A. 同业拆借　　　　　　　　　　　B. 对成员单位办理贷款
   C. 协助成员单位实现交易款项的收付　　D. 资金跨境业务

考点：信用担保机构

6. [多选] 融资性担保公司可以从事的活动包括（　　）。
   A. 吸收存款　　　　　　　　　　　B. 自营贷款
   C. 贷款担保　　　　　　　　　　　D. 票据承兑担保
   E. 贸易融资担保

7. [多选] 下列属于银行业金融机构与融资担保公司业务需遵循的原则的有（　　）。
   A. 平等原则　　　　　　　　　　　B. 自愿原则
   C. 公平诚信原则　　　　　　　　　D. 权责统一原则
   E. 合规审慎经营原则

考点：金融租赁公司

8. [单选]（　　）是指经中国银行业监督管理委员会批准，为具有一定生产技术和管理经验但生产资料不足的企业和个人提供融资融物服务，以经营融资租赁业务为主的非银行金融机构。
   A. 国开行　　　　　　　　　　　　B. 金融租赁公司
   C. 一般金融机构　　　　　　　　　D. 中央银行

▽ **考点**：理财子公司

9. [单选] 下列个人投资者中，符合私募理财产品合格投资者要求的是（　　）。

  A. 具有 2 年以上投资经历，且近 3 年本人年均收入不低于 40 万元

  B. 具有 1 年以上投资经历，且家庭金融净资产不低于 500 万元

  C. 具有 2 年以上投资经历，且家庭金融资产不低于 300 万元

  D. 具有 1 年以上投资经历，且最近 1 年末净资产不低于 1 000 万元

▽ **考点**：其他银行业金融机构

10. [单选] 关于消费金融公司的注册资本要求，下列说法正确的是（　　）。

  A. 最低限额为 5 亿元人民币

  B. 可以分期缴纳注册资本

  C. 必须为人民币形式

  D. 最低限额为 10 亿元人民币或等值的可自由兑换货币

11. [单选] 根据《汽车金融公司管理办法》，以下（　　）业务不属于汽车金融公司可以开展的业务范围。

  A. 接受汽车经销商的贷款保证金　　　　B. 向金融机构借款

  C. 办理个人储蓄存款　　　　　　　　　D. 汽车残值评估

学习笔记

本章学习检查表

知识点名称	初次学习		第一次复习		第二次复习	
	做对题目数/总题目数	学习日期	做对题目数/总题目数	复习日期	做对题目数/总题目数	复习日期
金融机构的性质与职能						
金融机构的分类						
中央银行						
政策性银行						
开发性金融机构						
商业银行						
证券公司						
基金管理公司						
保险公司						
信托公司						
财务公司						
信用担保机构						
金融租赁公司						
理财子公司						
其他银行业金融机构						

填写建议：

"做对题目数/总题目数"记录自己各知识点做题的情况，比如，某知识点总题目数10题，自己做对了其中7题，记录为7/10。

"学习日期"和"复习日期"记录自己学习和复习各知识点的日期。

备忘录

参考答案及解析

Day 13

1. D [解析] 目前,我国金融体系的典型特征是:以中央银行为整个社会金融运行的核心,以商业银行为金融运行主体、各种非银行金融机构为辅助,不同类型的金融机构在相应的金融监督管理部门的监管下,根据各自的营业范围分工协作开展各项金融业务。

2. A [解析] 金融机构充当信用中介,便利资金融通的职能,是指金融机构通过吸收存款或发行各种金融工具,从不同部门集聚资金,积少成多、续短为长,然后再通过一定的专业化运作将资金提供给需求者,促进储蓄向投资转化并最终实现资金价值的增值。

3. D [解析] 金融机构的支付中介功能是指为客户办理与货币资金运动有关的技术性业务,即通过一定技术手段和业务流程设计,为客户之间完成货币收付转移或清偿。

4. C [解析] 金融机构降低交易成本的主要方法有两种:①利用技术的规模经济和专业优势,在为投融资双方提供资金融通服务的同时,可以降低资金供求双方的搜寻和核实成本、监督和审计成本、风险管理和参与成本;②利用金融机构的专门技术,以低廉的成本向全社会提供多种便利的金融服务。

> **●考点再现**
>
> Q_{2-4} 金融机构的职能如下。
>
> (1) 充当信用中介,便利资金融通。从不同部门聚集资金,通过专业化运作将资金提供给需求者,促进储蓄向投资转化并最终实现资金价值的增值。
>
> (2) 充当支付中介,便利支付结算。为客户之间完成货币收付转移或清偿,实现货币资金的转移。
>
> (3) 提供金融服务,降低交易成本。
> ①降低搜寻和核实成本、监督和审计成本、风险管理和参与成本。
> ②以低廉的成本向全社会提供多种便利的金融服务。
>
> (4) 获得较完整信息,降低信息不对称。通过自身优势,收集、获取完整信息,降低信息处理成本。
>
> (5) 运用技术和经验,转移和管理风险。分散、转移和控制金融风险。

5. B [解析] 间接融资类金融机构是指在最初的资金提供者(存款人)和最终资金使用者(贷款人)之间进行债权债务关系转换活动的中介机构。

6. D [解析] 政策性金融机构包括政策性银行机构和政策性非银行金融机构,是指那些由政府创立、参股或保证,不以营利为目的,专门为贯彻、配合政府的政策意图,在特定的业务领域内直接或间接地从事政策性融资活动的金融机构。

7. A [解析] 金融机构按资金来源方式,可分为存款类金融机构、契约型储蓄机构和投资性中介机构。

Day 14

1. B [解析]"银行的银行"职能具体体现在：集中存款准备金；充当最后贷款人；组织、参与和管理全国的清算，B 项正确。A、C 两项体现的是"政府的银行"职能，D 项体现的是"发行的银行"职能。

2. A [解析] 单一中央银行制度分为一元式中央银行制度和二元式中央银行制度。一元式中央银行制度是指在一个国家内只建立一家统一的中央银行，机构设置一般采取总分行制。目前世界上绝大部分国家的中央银行都实行这种体制，如英国、日本、法国、印度等，我国也是如此。

3. C [解析] 准中央银行制度是指一个国家和地区不设通常完整意义上的中央银行，而由政府授权几个机构或商业银行履行有限的中央银行职能。实行这种制度的典型国家和地区是新加坡和中华人民共和国香港特别行政区。

> ●考点再现
>
> Q_{2-3} 中央银行的类型。
>
> 1. 单一中央银行制度
>
> （1）含义：国家单独建立中央银行机构，使之全面、纯粹地行使中央银行职能的制度。
>
> （2）构成：
>
> ①一元式中央银行制度。
>
> a. 在一个国家内只建立一家统一的中央银行，机构设置采取总分行制。
>
> b. 绝大部分国家实行，如中国、英国、日本、法国、印度。
>
> ②二元式中央银行制度。
>
> a. 在一国内建立中央和地方两级中央银行机构，中央级机构是最高权力机构或管理机构，地方级机构也有其一定的独立权力。中央和地方两级中央银行分别行使职权。
>
> b. 具有联邦式特点的中央银行制度。
>
> c. 典型代表：美国。
>
> 2. 复合中央银行制度
>
> （1）含义：国家不单独设立专司中央银行职能的中央银行机构，而是由一家大银行集中央银行与商业银行职能于一身的制度。
>
> （2）对应中央银行初级发展阶段以及计划经济体制。
>
> （3）代表：苏联、1990 年以前的多数东欧国家、1983 年以前的中国。
>
> 3. 准中央银行制度
>
> （1）含义：一个国家或地区不设通常完整意义上的中央银行，而由政府授权几个机构或商业银行履行有限的中央银行职能。
>
> （2）职能：发行货币、为政府服务、提供最后贷款援助、资金清算等中央银行的部分职能。
>
> （3）典型代表：新加坡、中华人民共和国香港特别行政区。

> 4. 跨国中央银行制度
>
> （1）含义：由几个主权独立的国家联合组建一家中央银行，由这家中央银行在其成员范围内行使部分或全部中央银行职能的中央银行制度。
>
> （2）最大的特点：跨国行使中央银行职能。
>
> （3）跨国中央银行包括中非货币联盟所设的中非国家银行、欧盟设立的欧洲中央银行等。

4. ABC [解析] 中央银行主要有三大职能，即发行的银行、银行的银行、政府的银行。中央银行不面向个人和企业提供金融服务。

5. D [解析] 政府的银行职能具体体现在以下6个方面：①经营或代理国库；②代理政府债券发行；③为政府融通资金；④为国家持有和经营管理国际储备；⑤代表政府参加国际金融活动，进行金融事务的协调和磋商，积极促进国际金融领域的合作与发展；⑥为政府提供经济金融情报和决策建议，向社会公众发布经济信息。

6. C [解析] 中央银行集中与垄断货币发行权的必要性：①统一货币发行与流通是货币正常有序流通的保证；②统一货币发行是中央银行根据一定时期的经济发展情况调节货币供应量，保持币值稳定的需要；③统一货币发行是中央银行实施货币政策的基础。

7. B [解析] 降低法定存款准备金率→增加信贷规模；提高法定存款准备金率→减少信贷规模。

8. ABD [解析] 中央银行调节货币供应量最常用的方法是公开市场业务，C项错误。央行发放再贷款导致货币供应量增加，E项错误。

Day 15

1. C [解析] 政策性银行的担保业务是指政策性银行为其所支持的资金融通活动提供信用保证。

2. CD [解析] 我国政策性银行包括中国农业发展银行、中国进出口银行。国家开发银行已逐步发展为开发性金融机构。

3. B [解析] 开发性金融机构是指具有准政府性质，以国家信用为基础，以市场业绩为支柱，以服务国家发展战略为宗旨，以中长期投融资为载体，在实现政府发展目标、弥补市场失灵、提供公共产品、提高社会资源配置效率、熨平经济周期性波动等方面具有独特优势和作用，是经济体系中不可替代的重要组成部分。

4. B [解析] 信贷资金财政化是传统政策性金融的表现，开发性金融是财政资金信贷化。

5. A [解析] 商业银行的信用创造职能是在信用中介和支付中介职能的基础上产生的。随着商品经济和信用制度的发展，商业银行在银行信用的基础上创造了信用流通工具，主要是银行券、银行票据、信用卡，从而节省了流通费用，满足了经济发展对流通手段和支付手段的需要。在信用工具流通和转账结算的基础上，商业银行在吸收存款、发放贷款时，只需把贷款转到客户的存款账户上，商业银行既增加了资金来源，又可凭此放款，如此循环，最后在整个银行体系中扩大了全社会的信用规模。

• 考点再现

Q_5 商业银行的职能如图3-1所示。

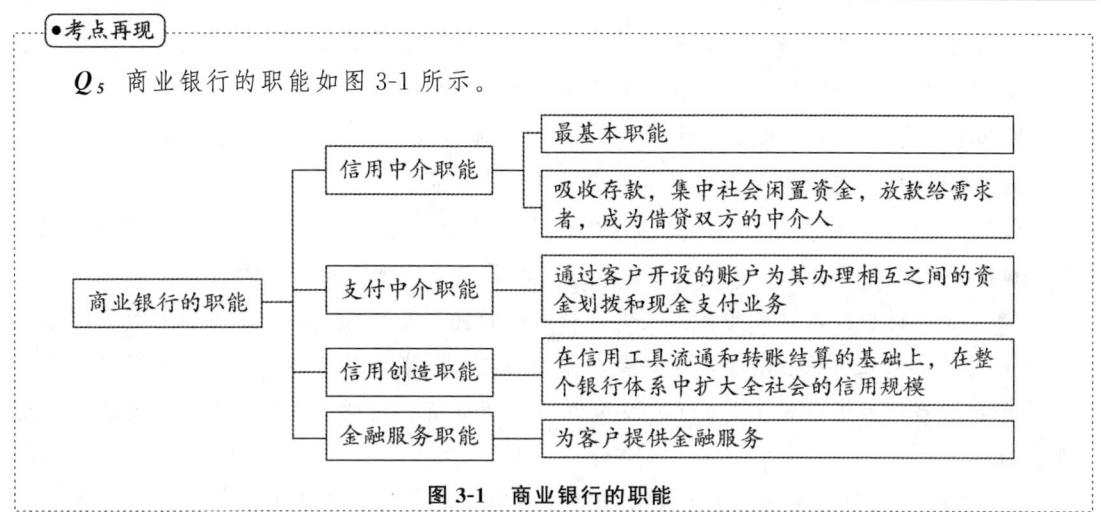

图3-1 商业银行的职能

6. ACE [解析] 现金类资产是那些与现金等同，可随时用于支付的银行资产，它包括库存现金、存放在中央银行的资金、存放同业存款和结算在途资金。

7. A [解析] 资产业务是商业银行运用资金的业务。一般说来，商业银行的资产业务包括现金类资产业务、贷款业务、票据贴现和投资业务等。

8. B [解析] 信用创造职能是指商业银行在吸收存款、发放贷款时，通过转账形成新的存款，扩大社会信用规模，B项正确。A项，通过存款账户办理转账结算属于支付中介职能。C项，财务咨询与代发工资属于金融服务职能（对应速记口诀"床中支付"中的"付"，即金融服务）。D项，集中闲置资金并贷出属于信用中介职能（信用中介职能是最基本职能，商业银行充当借贷中介）。

9. ABDE [解析] 一般来说，商业银行的资产业务包括现金类资产业务、信贷类资产业务和投资类资产业务等三个方面。其中，信贷类资产业务是商业银行最重要的资产业务，是商业银行取得收益的主要手段，主要包括贷款业务和票据贴现业务。

10. ABC [解析] 商业银行的负债（资金来源）包括自有资金和吸引外来资金两大部分。吸引外来资金的渠道包括存款负债和非存款负债。

11. D [解析] 流动性资产余额与流动性负债余额的比例不得低于25%，D项错误。

12. D [解析] 除外国银行代表处外，外商独资银行、中外合资银行、外国银行分行统称为外资银行营业性机构。

Day 16

1. D [解析] 证券经营机构中最主要的机构是证券公司，它是指依法设立的专门从事各种有价证券经营及相关业务的金融机构。由于各国的传统习惯、经济发展水平、证券市场的发达程度存在差异，证券公司在各国的称谓也不一致。英国称其为商人银行，美国称其为投资银行，我国和日本则称其为证券公司。

2. A [解析] 证券承销是证券公司最本源、最基础的业务活动。通常的承销方式有证券代销、证券包销（余额包销、全额包销）。

3. A [解析] 做市商制度是指在证券市场，由具备一定实力和信誉的证券经营法人作为特许交易商，在其愿意的水平上不断向交易者报出某些特定证券的买入价和卖出价，并在所报价位上接受机构投资者或者其他交易商的买卖要求，保证可及时成交的证券交易方式。

4. C [解析] 公募基金管理公司注册资本不低于1亿元人民币，且股东必须以来源合法的自有货币资金实缴，境外股东应当以可自由兑换货币出资。

5. B [解析] B项，安全保管基金财产是托管人的职责。

6. C [解析] 保险公司的派生职能主要包括两个方面。①投资职能。保险的补偿与给付的发生具有一定的时差性，这就为保险人进行投资活动提供了可能。同时，保险人为了使保险经营稳定，必须壮大保险基金，这就要求保险人必须从事投资活动。②防灾防损职能。作为保险经营者，为了经营稳定，有必要对风险进行分析、预测、评估，通过人为的事前预防，减少损失的产生。

7. B [解析] 保险公司的基本职能主要包括两个方面：①分摊经济损失职能。保险公司将在一定时期内可能发生的自然灾害和意外事故所导致的经济损失的总额，在有共同风险的投保人之间平均化，由所有的投保人平均分摊少数人的经济损失，从而使单个人难以承受的损失，变成多数人可以承担的损失。②经济补偿职能。保险公司和被保险人之间订立保险合同，由保险公司在被保险人发生保险事故时给予经济补偿，即保险赔偿。

8. BDE [解析] 保险公司主要业务包括保险承保、保险理赔和保险资金运用。投资为保险公司派生职能，经济补偿为保险公司基本职能。

●考点再现

Q 6-8 保险公司的职能。
(1) 基本职能：①分摊经济损失职能；②经济补偿职能。
(2) 派生职能：①投资职能。利用保险的补偿与给付具有时差性，进行投资活动。②防灾防损职能。

9. AC [解析] 按照保险标的划分，保险产品可分为人身保险和财产保险。人身保险是以人的身体和寿命作为保险标的的一种保险。其主要包括人寿保险、意外伤害保险和健康保险。财产保险是以财产及其有关利益为保险标的，保险人对保险事故导致的财产损失给予补偿的一种保险。其主要包括财产损失保险、责任保险、信用保险和保证保险等。

Day 17

1. D [解析] 信托公司是指从事信托业务，充当受托人的金融机构。A、B、C三项都属于金融机构，但是不能充当受托人。

2. CDE [解析] 信托公司的职能包括：①财务管理职能；②融通资金职能；③沟通协调经济关系职能；④社会投资职能。创造派生存款和信用创造是商业银行的职能。

3. ABDE [解析]《信托公司管理办法》规定，我国的信托公司可以从事以下部分或全部业务：①资金信托；②动产信托；③不动产信托；④有价证券信托；⑤其他财产或财产权信托；⑥作为投资基金或者基金管理公司的发起人从事投资基金业务；⑦经营企业资产的重组、并购及项目融资、公司理财、财务顾问等业务；⑧受托经营国务院有关部门批准的证券承销业务；⑨办理居间、咨询、资信调查等业务；⑩代保管及保管箱业务。

4. B [解析] 在我国，依托大型企业集团成立的，主要为企业集团成员的技术改造、产品开发以及产品销售服务等环节提供服务的金融机构称为财务公司。

5. D [解析] 财务公司可以经营下列部分或者全部本外币业务：①吸收成员单位存款；②办理成员单位贷款；③办理成员单位票据贴现；④办理成员单位资金结算与收付；⑤提供成员单位委托贷款、债券承销、非融资性保函、财务顾问、信用鉴证及咨询代理业务。符合条件的财务公司，可以向国务院金融监督管理机构及其派出机构申请经营下列本外币业务：①从事同业拆借；②办理成员单位票据承兑；③办理成员单位产品买方信贷和消费信贷；④从事固定收益类有价证券投资；⑤从事套期保值类衍生产品交易。《企业集团财务公司管理办法》明确财务公司不得从事除中国人民银行或国家外汇管理局政策规定之外的离岸业务或资金跨境业务。

6. CDE [解析] 融资性担保公司不得从事下列活动：①吸收存款或者变相吸收存款；②自营贷款或受托贷款；③受托投资。

7. ABCE [解析] 《银行业金融机构与融资担保公司业务合作指引》规定了银行业金融机构与融资担保公司业务合作应遵循以下四项基本原则：①自愿原则；②平等原则；③公平诚信原则；④合规审慎经营原则。

8. B [解析] 金融租赁公司是指经金融监督管理委员会批准，为具有一定生产技术和管理经验但生产资料不足的企业和个人提供融资融物服务，以经营融资租赁业务为主的非银行金融机构。

9. A [解析] 私募理财产品合格投资者（自然人）要求之一：具有 2 年以上投资经历，且满足家庭金融净资产不低于 300 万元人民币，或者家庭金融资产不低于 500 万元人民币，或者近 3 年本人年均收入不低于 40 万元人民币。

10. D [解析] 消费金融公司注册资本为一次性实缴货币资本，最低限额为 10 亿元人民币或者等值的可自由兑换货币。

11. C [解析] 汽车金融公司可从事下列部分或全部本外币业务：①接受股东及其所在集团母公司和控股子公司的定期存款或通知存款；②接受汽车经销商和售后服务商贷款保证金和承租人汽车租赁保证金；③同业拆借业务；④向金融机构借款；⑤发行非资本类债券；⑥汽车及汽车附加品贷款和融资租赁业务；⑦汽车经销商和汽车售后服务商贷款业务，包括库存采购、展厅建设、零配件和维修设备购买等贷款；⑧转让或受让汽车及汽车附加品贷款和融资租赁资产；⑨汽车残值评估、变卖及处理业务；⑩与汽车金融相关的咨询、代理和服务。

本章强化测试

第四章 金融市场

学习指导

本章所涉知识点为资金融通的场所——金融市场。本章高频考点包括同业拆借市场、证券回购市场、证券市场的交易对象、证券发行市场和流通市场、金融衍生工具概述、金融期货、金融期权、货币市场主要指标和资本市场主要指标；难点包括金融期货、金融期权、货币市场主要指标和资本市场主要指标。

本章相关的计算类题目是重难点，历年考查分值在19分左右。本章内容重在理解，在学习过程中应注意理论知识的区分。

日期	考点
Day18	➢货币市场和资本市场 ➢发行市场和流通市场 ➢场内交易市场和场外交易市场
Day19	➢即期市场和远期市场 ➢国内金融市场和国际金融市场 ➢公开市场和议价市场 ➢直接金融市场和间接金融市场
Day20	➢票据市场 ➢同业拆借市场
Day21	➢证券回购市场 ➢大额可转让定期存单市场 ➢短期债券市场
Day22	➢证券市场概述 ➢证券市场的交易对象
Day23	➢证券发行市场和流通市场 ➢证券交易程序
Day24	➢证券交易费用 ➢金融衍生工具概述 ➢金融远期 ➢金融期货
Day25	➢金融期权 ➢金融互换 ➢信用衍生品
Day26	➢货币市场主要指标 ➢资本市场主要指标

Day 18

▽ **考点**：货币市场和资本市场

1. [单选] 各类金融资产发行与交易形成的供求关系及其机制的总和称为（　　）。
   A. 金融市场　　　　　　　　　　B. 金融体系
   C. 金融监管　　　　　　　　　　D. 金融资产

2. [多选] 货币市场的金融工具具有的特点包括（　　）。
   A. 期限短　　　　　　　　　　　B. 期限长
   C. 利率敏感　　　　　　　　　　D. 风险大
   E. 流动性强

3. [单选] 按金融商品的融资期限划分，融资期限在1年内的金融市场称为（　　）。
   A. 货币市场　　　　　　　　　　B. 资本市场
   C. 初级市场　　　　　　　　　　D. 次级市场

4. [多选] 下列金融市场中，属于货币市场的有（　　）。
   A. 长期信贷市场　　　　　　　　B. 同业拆借市场
   C. 证券回购市场　　　　　　　　D. 股票市场
   E. 大额可转让定期存单市场

5. [多选] 下列金融市场中，属于资本市场的有（　　）。
   A. 股票市场　　　　　　　　　　B. 同业拆借市场
   C. 债券市场　　　　　　　　　　D. 回购协议市场
   E. 大额可转让定期存单市场

▽ **考点**：发行市场和流通市场

6. [单选] 已发行的票据或证券流通转让的市场称为（　　）。
   A. 货币市场　　　　　　　　　　B. 资本市场
   C. 一级市场　　　　　　　　　　D. 二级市场

7. [单选] 根据金融交易的性质，可将金融市场分为（　　）。
   A. 即期市场和远期市场　　　　　B. 一级市场和二级市场
   C. 场内交易市场和场外交易市场　D. 货币市场和资本市场

▽ **考点**：场内交易市场和场外交易市场

8. [单选] 以证券交易所为中心，有组织机构和人员，有专门设施的交易市场是（　　）。
   A. 场内交易市场　　　　　　　　B. 场外交易市场
   C. 柜台交易市场　　　　　　　　D. OTC市场

9. [单选] 金融市场按金融交易场所不同划分为（　　）。
   A. 货币市场和资本市场
   B. 发行市场和流通市场
   C. 即期市场和远期市场
   D. 场内交易市场和场外交易市场

10. [单选] 下列关于场外交易市场，描述有误的是（　　）。
    A. 在证券交易所之外进行交易
    B. 有专门设施的交易市场
    C. 市场是无形的
    D. 主要通过电话、网络等通讯设备达成交易

✎ 学习笔记

Day 19

考点：即期市场和远期市场

1. [单选] 将金融市场分成即期市场和远期市场，是按照（　　）进行划分的。
   A. 交易性质 B. 交割时间
   C. 融资期限 D. 交易场所

2. [单选] 根据金融交割时间不同，可将金融市场分为（　　）。
   A. 即期市场和远期市场 B. 一级市场和二级市场
   C. 交易所交易市场和场外交易市场 D. 货币市场和资本市场

3. [单选] 交易双方达成协议后，约定在一定时期，按照合同规定的数量和价格进行清算和交割的市场是（　　）。
   A. 即期市场 B. 远期市场
   C. 回购市场 D. 信贷市场

考点：国内金融市场和国际金融市场

4. [单选] 下列关于国际金融市场的说法中，错误的是（　　）。
   A. 交易活动跨越国境 B. 不局限于一国货币
   C. 不完全受所在国法令制约 D. 交易以本币表示

考点：公开市场和议价市场

5. [单选] 按照（　　），可以将金融市场划分为公开市场和议价市场。
   A. 成交与定价方式 B. 金融交易的工具品种
   C. 金融交易的交割时间 D. 金融交易的性质

考点：直接金融市场和间接金融市场

6. [多选] 按照交易中介作用的不同，金融市场可以划分为（　　）。
   A. 公开市场
   B. 议价市场
   C. 直接金融市场
   D. 即期市场
   E. 间接金融市场

7. [单选] 下列关于金融市场的说法中，错误的是（　　）。
   A. 发行市场交易的是新发行的证券
   B. 货币市场风险小
   C. 国际金融市场活动受所在国政府干预较少
   D. 股票市场属于间接金融市场

✎ **学习笔记**

Day 20

▽ **考点**：票据市场

1. [单选]（　　）是持票人为了取得现款，将未到期的承兑票据以支付贴现日起至到期日止的利息为条件，向银行所做的票据转让。
   A. 贴现
   B. 转贴现
   C. 再贴现
   D. 票据承兑

2. [单选]商业银行将其持有的未到期票据转让给中央银行，这种行为称为票据的（　　）。
   A. 承兑　　　　　　　　　　　　B. 贴现
   C. 转贴现　　　　　　　　　　　D. 再贴现

3. [单选]票据的承兑是指票据的（　　）承诺在票据到期日支付票据金额的行为。
   A. 持有人　　　　　　　　　　　B. 收款人
   C. 付款人　　　　　　　　　　　D. 申请人

4. [单选]下列主体中，承诺在商业汇票到期日支付票面金额的是（　　）。
   A. 出票人　　　　　　　　　　　B. 承兑人
   C. 背书人　　　　　　　　　　　D. 转让人

▽ **考点**：同业拆借市场

5. [单选]我国同业拆借的期限最短为（　　）天。
   A. 1　　　　　　　　　　　　　　B. 2
   C. 4　　　　　　　　　　　　　　D. 7

6. [单选]我国同业拆借的最长期限为（　　）。
   A. 7天　　　　　　　　　　　　　B. 3个月
   C. 半年　　　　　　　　　　　　　D. 1年

7. [多选]下列关于同业拆借市场特征的说法中，正确的有（　　）。
   A. 同业性
   B. 市场准入性
   C. 小额交易
   D. 不缴存款准备金
   E. 长期性

8. [多选]下列机构中，可以从事同业拆借的机构有（　　）。
   A. 农村信用联社
   B. 财务公司
   C. 基金会
   D. 证券公司
   E. 具有独立法人资格的商业银行

9. [多选] 下列关于我国同业拆借市场的说法中,正确的有（   ）。

   A. 参与同业拆借的机构包括银行业和非银行业金融机构

   B. 非金融机构可以进入同业拆借市场进行融资活动

   C. 同业拆借主要用于调剂资金的临时余缺

   D. 同业拆借单笔交易金额一般很大

   E. 金融机构无须许可即可进入同业拆借市场融资

学习笔记

Day 21

考点：证券回购市场

1. [单选] 证券回购业务实际上是一种（　　）行为。

   A. 商业贷款

   B. 信用贷款

   C. 证券交易

   D. 证券抵押融资

2. [单选] 我国证券回购市场，根据交易场所的不同划分为（　　）。

   A. 银行间证券回购市场和交易所证券回购市场

   B. 场外证券回购市场和交易所证券回购市场

   C. 场外证券回购市场和场内证券回购市场

   D. 质押式回购和买断式回购

3. [单选] 下列不属于上海证券交易所证券回购业务回购品种的是（　　）。

   A. 1天 　　　　　　　　　　　　　　B. 7天

   C. 14天　　　　　　　　　　　　　　D. 1年

考点：大额可转让定期存单市场

4. [单选] 下列关于大额可转让定期存单的说法，错误的是（　　）。

   A. 到期时，持有人可向银行提取本息

   B. 利率一般高于同档次定期存款利率

   C. 期限不固定

   D. 到期前可流通转让

5. [单选] 大额可转让定期存单的发行者是（　　）。

   A. 普通工商企业

   B. 地方政府

   C. 中央政府

   D. 商业银行

6. [多选] 大额可转让定期存单简称为CDs，其特点有（　　）。

   A. 期限固定

   B. 不办理提前支取

   C. 到期前可流通转让

   D. 可分段计息

   E. 不计逾期利息

考点：短期债券市场

7. [单选] 我国贴现式国债的期限不包括（　　）。

   A. 28天　　　　　　　　　　　　　　B. 63天

   C. 120天　　　　　　　　　　　　　D. 182天

8. ［单选］关于超短期融资券，下列说法正确的是（　　）。

　　A. 发行期限不超过180天

　　B. 任何企业都可以发行

　　C. 发行主体必须是信用评级较高的非金融企业

　　D. 只能在证券交易所发行

✏️学习笔记

Day 22

▽ **考点**：证券市场概述

1. ［多选］狭义的有价证券包括（　　）。
   A. 运货单　　　　　　　　　　　　B. 股票
   C. 提货单　　　　　　　　　　　　D. 汇票
   E. 债券

2. ［单选］在证券市场中，包销或代销证券的经营机构称为（　　）。
   A. 证券承销商　　　　　　　　　　B. 证券经纪商
   C. 证券自营商　　　　　　　　　　D. 证券登记结算公司

3. ［单选］在证券市场中，接受客户委托、代客户买卖证券并收取佣金的金融机构称为（　　）。
   A. 证券承销商　　　　　　　　　　B. 证券经纪商
   C. 证券自营商　　　　　　　　　　D. 证券登记结算公司

4. ［单选］下列机构中，属于证券市场自律性组织的是（　　）。
   A. 证券监督管理委员会
   B. 证券登记结算公司
   C. 证券业协会
   D. 证券经营机构

▽ **考点**：证券市场的交易对象

5. ［单选］下列关于优先股的说法中，正确的是（　　）。
   A. 在分配公司收益时滞后于普通股
   B. 在分配公司剩余财产时优先于普通股
   C. 股息随公司利润大小而变化
   D. 股东有权参与公司的经营管理

6. ［多选］根据组织形态不同，基金可以分为（　　）。
   A. 契约型基金
   B. 公司型基金
   C. 封闭式基金
   D. 开放式基金
   E. 企业型基金

7. ［单选］投资者一旦购买，在存续期不可赎回的投资基金属于（　　）基金。
   A. 追加型　　　　　　　　　　　　B. 封闭式
   C. 非固定式　　　　　　　　　　　D. 开放式

8. ［多选］根据投资标的的不同，证券投资基金可分为（　　）。
   A. 证券投资基金　　　　　　　　　B. 股票基金
   C. 债券基金　　　　　　　　　　　D. 资本市场基金
   E. 货币市场基金

9. [单选] 某人购买了 100 份 A 公司的可转换债券，每份面额为 50 元，转换价格为 10 元，则他在规定的期限内可换得股票（　　）股。
   A. 5
   B. 20
   C. 100
   D. 500

10. [单选] 某投资者购买了 2 000 份 A 公司的可转换债券，每份面额为 100 元，转换价格为 40 元，该投资者在规定期限内可换得股票（　　）股。
    A. 2 000
    B. 4 000
    C. 5 000
    D. 8 000

✎ 学习笔记

Day 23

▼ **考点**：证券发行市场和流通市场

1. ［单选］向特定的投资者发行，一般以少数与发行者业务联系密切的投资者为对象来募集资金的证券发行方式是（　　）。
   A. 公募发行　　　　　　　　　　B. 私募发行
   C. 直接发行　　　　　　　　　　D. 间接发行

2. ［单选］某公司发行某种债券，该债券面额为100元，发行价格为97元，这种发行方式属于（　　）发行。
   A. 折价　　　　　　　　　　　　B. 等价
   C. 平价　　　　　　　　　　　　D. 溢价

3. ［单选］下列关于证券场外交易市场的说法中，正确的是（　　）。
   A. 投资者不能直接与证券经纪商进行交易
   B. 场外交易市场是封闭型市场
   C. 可以降低交易成本
   D. 以竞价方式完成证券的成交

▼ **考点**：证券交易程序

4. ［多选］在证券交易程序中，竞价成交的核心内容是（　　）原则。
   A. 集合竞价　　　　　　　　　　B. 指定交易
   C. 价格优先　　　　　　　　　　D. 时间优先
   E. 净额交收

5. ［多选］在证券集合竞价模式下，成交价的确立原则是（　　）。
   A. 可实现最高成交价格
   B. 可实现最大成交量
   C. 高于该价格的买入申报与低于该价格的卖出申报全部成交
   D. 低于该价格的买入申报与高于该价格的卖出申报全部成交
   E. 与该价格相同的买方或卖方至少有一方全部成交

6. ［单选］深圳证券交易所规定，股票的收盘价定价方式为（　　）。
   A. 集合竞价　　　　　　　　　　B. 连续竞价
   C. 交易所决定　　　　　　　　　D. 最后一笔交易成交价

7. ［单选］我国目前采用例行交割形式交割证券，其中A股为（　　）交割。
   A. T+0　　　　　　　　　　　　B. T+1
   C. T+2　　　　　　　　　　　　D. T+3

✎ **学习笔记**

Day 24

▼ 考点：证券交易费用

1. [单选] 下列税费中，属于证券登记清算机构收入的是（　　）。
    A. 委托手续费 B. 佣金
    C. 印花税 D. 过户费

▼ 考点：金融衍生工具概述

2. [多选] 下列金融工具中，属于金融衍生工具的有（　　）。
    A. 期货 B. 存单
    C. 远期 D. 期权
    E. 互换

▼ 考点：金融远期

3. [单选] 投资者担心利率上升给自己带来损失时可通过（　　）进行套期保值，以便将未来借款利率固定在某一水平上。
    A. 货币互换 B. 卖出利率期货
    C. 买入远期利率协议 D. 卖出利率期权

4. [单选] 不用交付本金，利率按差额结算的金融远期合约是（　　）。
    A. 远期利率协议
    B. 远期外汇合约
    C. 远期股票合约
    D. 金融期货

▼ 考点：金融期货

5. [单选] 协议双方约定在将来某一特定时间按约定的条件买入或卖出一定标准数量的某种特定金融工具的标准化协议是（　　）。
    A. 金融远期合约 B. 金融期货合约
    C. 金融互换合约 D. 金融期权合约

6. [多选] 股指期货交易的特点包括（　　）。
    A. 交易对象是股价指数 B. 成交签约与交割同时进行
    C. 交易价格以"点"来计算和表示 D. 一般按季确定交割时间
    E. 以现金方式进行交割

7. [单选] 期货合约的唯一变量是（　　）。
    A. 交割日期 B. 交割地点
    C. 合约规模 D. 价格

8. [单选] 某投资者预期某证券价格要下跌，便通过订立期货合同按现有价格卖出证券，等该证券价格下跌以后再买进，这种交易方式称为（　　）。
    A. 交割 B. 过户
    C. 买空 D. 卖空

9. [案例] 某年 6 月 5 日，股价指数为 2 000 点，张先生预测股价指数会上涨，于是买入 2 份 9 月交割的股指期货合约，每点指数的乘数为 300 元。7 月 10 日，股价指数上涨到 2 100 点。8 月 15 日，股价指数下跌到 1 800 点，由于担忧股价指数持续下跌，张先生卖出 2 份期货合约（不考虑税金与佣金等其他因素）。

　　根据以上资料，回答下列问题：

(1) 张先生从事的该股指期货交易的特点有（　　）。

A. 交易对象是股价指数　　　　　　　　B. 交易价格以"点"表示

C. 一般按年确定交割时间　　　　　　　D. 成交签约与交割同时进行

(2) 张先生所从事的股指期货交易属于（　　）交易。

A. 空头　　　　　　　　　　　　　　　B. 多头

C. 双向　　　　　　　　　　　　　　　D. 套保

(3) 如果张先生 8 月 15 日卖出期货合约，则他的盈亏状况是（　　）。

A. 盈利 120 000 元　　　　　　　　　　B. 亏损 400 元

C. 亏损 60 000 元　　　　　　　　　　　D. 亏损 120 000 元

(4) 如果张先生 7 月 10 日卖出期货合约，则他的盈亏状况是（　　）。

A. 盈利 60 000 元　　　　　　　　　　　B. 盈利 30 000 元

C. 盈利 200 元　　　　　　　　　　　　D. 亏损 60 000 元

学习笔记

Day 25

▽ 考点：金融期权

1. [单选] 下列关于看涨期权的说法中，错误的是（　　）。
   A. 看涨期权也称为买进期权
   B. 期权卖方可以选择不执行期权
   C. 期权买方的最大损失为期权费
   D. 期权买方预期标的证券价格未来将上涨

2. [多选] 下列关于期权及期权费的说法中，正确的有（　　）。
   A. 期权购买者要向期权出售者支付期权费
   B. 期权费与合同期限负相关
   C. 行情看涨时看涨期权的价格下降
   D. 期权购买者有权行使期权
   E. 期权出售者有权不行使期权

3. [案例] M 投资者预计 A 股票将要跌价，于 2021 年 4 月 1 日与 S 投资者订立卖出合约，合约规定有效期为 3 个月，M 投资者可按现有价格 10 元卖出 A 股票 1 000 股，期权费为每股 0.5 元。2021 年 5 月 1 日 A 股票价格下跌至每股 8 元（不考虑税金与佣金等其他因素）。

   根据以上资料，回答下列问题：

   (1) M 投资者所做的交易属于（　　）。
   A. 看涨期权，期权费 500 元　　　　　B. 看跌期权，期权费 500 元
   C. 看涨期权，期权费 5 000 元　　　　D. 看跌期权，期权费 5 000 元

   (2) 如果 M 投资者在 5 月 1 日执行该期权，则可获利（　　）元。
   A. 150　　　　　　　　　　　　　　B. 200
   C. 1 500　　　　　　　　　　　　　D. 2 000

   (3) 下列关于 S 投资者的说法中，正确的有（　　）。
   A. 拥有执行期权的选择权，没有按协议规定执行交易的义务
   B. 拥有执行期权的选择权，也有按协议规定执行交易的义务
   C. 没有执行期权的选择权，也没有按协议规定执行交易的义务
   D. 没有执行期权的选择权，但有按协议规定执行交易的义务

   (4) 下列关于该期权交易的说法中，正确的有（　　）。
   A. 期权也称选择权
   B. 期权交易的直接对象是证券
   C. 期权交易的直接对象是买卖证券的权利
   D. 期权交易赋予其购买者可在规定期间内进行交易

▽ 考点：金融互换

4. [多选] 金融互换的主要功能有（　　）。
   A. 在市场间进行套利

B. 管理利率风险和汇率风险

C. 进行套期保值

D. 逃避外汇管制、利率管制及税收限制

E. 筹集资金

5. [多选] 下列属于金融互换的有（　　）。

A. 货币互换
B. 利率互换
C. 交叉互换
D. 信用违约互换
E. 债券互换

▼ 考点：信用衍生品

6. [单选] 下列属于信用衍生品中单一产品的是（　　）。

A. 总收益互换
B. 担保债务凭证
C. 外汇担保证券
D. 互换期权

✎ 学习笔记

Day 26

▼ 考点：货币市场主要指标

1. [单选] 某笔拆借业务期限为4个月，拆借金额为500万元，利息为5万元，该笔业务的年拆借利率为（　　）。
   A. 1%　　　　　　　　　　　　　　B. 3%
   C. 0.33%　　　　　　　　　　　　D. 4%

2. [单选] 对交易所国债回购交易利率的长期变动起决定性作用的是（　　）。
   A. 股市行情　　　　　　　　　　　B. 时间
   C. 银行利率　　　　　　　　　　　D. 发行价格

3. [单选] 某企业持面额100万元、6个月到期的银行承兑汇票到某银行申请贴现。该银行扣收2万元贴现利息后将余额98万元付给该企业。该笔贴现业务执行的年贴现率为（　　）。
   A. 4.08%　　　　　　　　　　　　B. 4%
   C. 0.33%　　　　　　　　　　　　D. 16.33%

4. [多选] 影响国债回购利率变动的因素有（　　）。
   A. 银行利率
   B. 中央银行的监管
   C. 回购期限
   D. 市盈率
   E. 股市行情

▼ 考点：资本市场主要指标

5. [多选] 衡量债券收益的指标有（　　）。
   A. 贴现率
   B. 市盈率
   C. 票面收益率
   D. 同业拆借利率
   E. 持有期收益率

6. [单选]（　　）是衡量股票市场行情的指标。
   A. 股票总市值　　　　　　　　　　B. 股指期货
   C. 股票发行量　　　　　　　　　　D. 股票价格指数

7. [单选] 世界上历史最悠久和影响最大的股票价格指数是（　　）。
   A. 恒生指数
   B. 道·琼斯股价指数
   C. 《金融时报》股价指数
   D. 日经股价指数

8. [单选] 假定某股票当期的股价为12元，上一年度的每股税后利润为0.5元，则该股票的市盈率是（　　）。
   A. 6　　　　　　　　　　　　　　　B. 12
   C. 12.5　　　　　　　　　　　　　D. 24

9. ［单选］用来衡量股价高低的指标是（　　）。
   A. 换手率　　　　　　　　　　　　B. 市盈率
   C. 成交量　　　　　　　　　　　　D. 成交额

10. ［单选］我国对股票实行价格涨跌幅限制，在一个交易日内，ST 和 *ST 股票价格涨跌幅的限制比例为（　　）。
    A. 5％　　　　　　　　　　　　　B. 7％
    C. 10％　　　　　　　　　　　　 D. 20％

学习笔记

本章学习检查表

知识点名称	初次学习		第一次复习		第二次复习	
	做对题目数/总题目数	学习日期	做对题目数/总题目数	复习日期	做对题目数/总题目数	复习日期
货币市场和资本市场						
发行市场和流通市场						
场内交易市场和场外交易市场						
即期市场和远期市场						
国内金融市场和国际金融市场						
公开市场和议价市场						
直接金融市场和间接金融市场						
票据市场						
同业拆借市场						
证券回购市场						
大额可转让定期存单市场						
短期债券市场						
证券市场概述						
证券市场的交易对象						
证券发行市场和流通市场						
证券交易程序						
证券交易费用						
金融衍生工具概述						
金融远期						
金融期货						
金融期权						
金融互换						
信用衍生品						
货币市场主要指标						
资本市场主要指标						

填写建议：

"做对题目数/总题目数"记录自己各知识点做题的情况，比如，某知识点总题目数10题，自己做对了其中7题，记录为7/10。

"学习日期"和"复习日期"记录自己学习和复习各知识点的日期。

备忘录

参考答案及解析

Day 18

1. A [解析] 金融市场是各类金融资产发行与交易形成的供求关系及其机制的总和。

2. ACE [解析] 货币市场的金融工具主要用于市场参与者短期性的资金周转和余额调剂,这些金融工具一般都具有期限短、流动性强及利率敏感等特点,容易变现,具有"准货币"属性。

3. A [解析] 货币市场是指融资期限在1年以内的、服务于短期资金融通的市场。

4. BCE [解析] 货币市场主要包括票据市场、同业拆借市场、证券回购市场、大额可转让定期存单市场、企业短期融资券市场等。

5. AC [解析] 资本市场是指融资期限在1年以上的金融资产发行与交易的市场,如股票市场、债券市场、中长期信贷市场等。

• 考点再现

Q_{2-5} 货币市场与资本市场的区别如表4-1所示。

表4-1 货币市场与资本市场的区别

项目	货币市场	资本市场
融资期限	1年以内	1年以上
资金用途	用于短期生产周转	作为资本使用,参与再生产
特点	期限短、流动性强及利率敏感,具有"准货币"属性	期限长、风险大

6. D [解析] 流通市场又称二级市场或次级市场,是指已经发行的证券或票据等金融工具流通转让交易的市场。

7. B [解析] 按金融交易的性质,可将金融市场分为发行市场和流通市场。发行市场又称一级市场;流通市场又称二级市场。

8. A [解析] 场内交易市场又称交易所交易市场,是指以证券交易所为中心,有专门的组织机构和人员,有专门设施的交易市场。

9. D [解析] 金融市场按金融交易场所不同划分为场内交易市场和场外交易市场。

10. B [解析] 场外交易市场又称柜台交易市场,是指在证券交易所之外进行交易所形成的市场。通常情况下,场外交易市场是无形的,买卖双方主要通过电话、电报、电传、互联网等电信设备、邮政设施和网络设备相互联系并完成交易。随着现代信息技术的发展进步,场外交易市场占比不断提升。

Day 19

1. B [解析] 按照金融交易的交割时间,金融市场分为即期市场和远期市场。交易在即期市场成交后即时进行清算交割;交易在远期市场成交后不立即交割,在约定日期按照合同规定数量和价格进行清算和交割。

2. A [解析] 按金融交易的交割时间不同,可将金融市场分为即期市场和远期市场。

3. B [解析] 根据"达成协议后,约定在一定时期""按照合同规定"可定位到远期市场。

4. D〔解析〕国际金融市场的交易活动跨越国境，且不局限于一国货币。

5. A〔解析〕金融市场按照成交与定价方式的不同分为公开市场和议价市场。

6. CE〔解析〕金融市场按照交易中介作用的不同可以划分为直接金融市场和间接金融市场。

7. D〔解析〕D项，股票市场属于直接金融市场。

Day 20

1. A〔解析〕贴现是持票人为了取得现款，将未到期的票据以支付自贴现日起至到期日止的利息为条件，向银行所做的票据转让。

2. D〔解析〕再贴现是商业银行向中央银行所做的票据转让。

3. C〔解析〕票据的承兑是指票据的付款人承诺在票据到期日支付票据金额的行为。

4. B〔解析〕承诺在商业汇票到期日支付票面金额的是承兑人。

5. A〔解析〕我国同业拆借的最短期限为1天，最长期限为1年。

6. D〔解析〕我国同业拆借的最短期限为1天，最长期限为1年。

7. ABD〔解析〕C项错误，同业拆借单笔交易数量大。E项错误，同业拆借期限在1年以内，属于短期融资。

8. ABDE〔解析〕按照我国现行规定，具有独立法人资格的商业银行及其授权分行、农村信用联社、财务公司和证券公司等有关金融机构，以及经中国人民银行认可经营人民币业务的外资金融机构可以从事同业拆借业务。各类基金会、储金会、结算中心不可参与同业拆借业务。

9. ACD〔解析〕非金融机构和未经中国人民银行认可经营人民币业务的外资金融机构不得进入同业拆借市场进行融资活动，B、E两项错误。

Day 21

1. D〔解析〕证券回购是一种证券买卖，但实际上它是一笔以证券为质押品而进行的短期资金融通。证券的卖方以一定数量的证券为抵押进行短期借款，条件是在规定期限内再购证券。

2. A〔解析〕根据交易场所的不同，我国证券回购市场可进一步细分为银行间证券回购市场和交易所证券回购市场。

3. D〔解析〕上海证券交易所证券回购业务回购品种有1天、2天、3天、4天、7天、14天、28天、91天和182天等品种。

4. C〔解析〕大额可转让定期存单是银行和其他存款机构为吸收存款发行的有固定面额可转让流通的定期存款凭证。到期时，持有人可向银行提取本息。到期前，持有人如需现金，可以转让所持有的大额可转让定期存单。A项正确。大额可转让定期存单的特点是期限固定、面额较大、到期前可流通转让。C项错误，D项正确。大额可转让定期存单的利率一般都高于同档次定期存款利率，不办理提前支取，不分段计息，不计逾期利息，是一种兼有活期存款流动性强和定期存款收益率高的存款形式。B项正确。

5. D〔解析〕大额可转让定期存单（CDs）是银行和其他存款机构为吸收存款发行的有固定面额可转让流通的定期存款凭证。

6. ABCE〔解析〕CDs的特点是期限固定、面额较大、到期前可流通转让。CDs的利率一般都高于同档次定期存款利率，CDs不办理提前支取，不分段计息，不计逾期利息，是一种兼具活期存款流动性强和定期存款收益性高的优点的存款形式。

> ● 考点再现
>
> Q_{4-6} 大额可转让定期存单的特征。
> (1) 期限固定。
> (2) 面额较大。
> (3) 到期前可流通转让。
> (4) 利率高于同档次定期存款利率。
> (5) 不能提前支取，不分段计息，不计逾期利息。
> (6) 兼具活期存款流动性强和定期存款收益率高的优点。

7. C [解析] 我国的短期政府债券主要是贴现式国债，其期限包括28天、63天、91天和182天等。

8. C [解析] 超短期融资券是指具有法人资格、信用评级较高的非金融企业在我国银行间债券市场发行的，期限在270天以内的短期债务融资工具。

Day 22

1. BE [解析] 证券一般是指有价证券，即证明证券持有人有权依票面所载内容，取得相关所有权或债权的凭证，有广义和狭义之分：广义的有价证券包括运货单、提货单等商品证券和汇票、支票等货币证券以及资本证券；而狭义的有价证券专指资本证券，包括股票、债券及其衍生品种。人们通常将资本证券直接称为有价证券或证券。

2. A [解析] 证券承销商是按照有关规定包销或代销证券的经营机构。

3. B [解析] 证券经纪商是接受客户委托、代客户买卖证券并收取佣金的金融机构。

> ● 考点再现
>
> Q_{2-3} 证券经营机构分类。
> (1) 证券承销商：包销或代销证券的经营机构。
> (2) 证券经纪商：接受客户委托、代客户买卖证券并收取佣金的机构。
> (3) 证券自营商：自行买卖证券的经营机构。

4. C [解析] 证券业协会是证券市场的自律性组织。

5. B [解析] 优先股是股份公司发行的，在分配公司收益和剩余财产时比普通股具有优先权的股票，优先股的优点是收益有保障，因为它的股息是固定的，缺点是不能像普通股一样参与公司的经营管理。

> ● 考点再现
>
> Q_5 普通股和优先股的特点。
> (1) 普通股的特点：
> ①最普遍和最主要的股票。

②股东有参与权：对股东不加以特别的限制，股东享有平等权利。
③股东随公司利润大小而取得相应收益。
④股息不固定。
⑤股东获取分红和股息在优先股之后。
(2) 优先股的特点：
①股东优先获得公司收益和剩余财产。
②股东收益有保障。
③股息固定。
④股东无参与权：不参与公司的经营管理。

6. AB [解析] 根据组织形态的不同，基金可分为契约型基金和公司型基金。根据运作方式的不同，基金可分为封闭式基金和开放式基金。

7. B [解析] 封闭式基金限定发行总额，一旦发行期满，基金就宣告成立，并封闭起来，不再追加发行，因此也称为固定型基金。

8. BCE [解析] 根据投资标的的不同，证券投资基金还可分为股票基金、债券基金、混合基金、货币市场基金等。

9. D [解析] 可转换债券是指持有者在一定条件下可以将其转换为发行公司股票的债券。可换得股票＝份数×可转换债券面额÷转换价格＝50×100÷10＝500（股）。

10. C [解析] 转换比例＝可转换债券面额÷转换价格＝100÷40＝2.5，即100元面额的债券可按40元一股的价格转换为2.5股股票，因此2 000份可转换债券可换得股票5 000股。

● 考点再现

Q_{9-10} 可转换债券发行规定。
(1) 转换比例：一定面额的可转换债券可以转换的股票的股数。
(2) 转换价格：可转换债券转换成股票时每股股票所需要的金额。
(3) 转换比例＝可转换债券面额÷转换价格。
(4) 转换期限：可转换债券可以转换为股票的起始日至结束日的期间，在此期间内可以行使转换权利，过期不得转换。

Day 23

1. B [解析] 私募发行是指向特定的投资者发行，一般以少数与发行者业务联系密切的投资者为对象来募集资金的证券发行方式。

2. A [解析] 发行价格低于面额，为折价发行。

● 考点再现

Q_{1-2} 证券发行方式。
(1) 公募发行与私募发行。
①公募发行：公开向社会非特定的投资者广泛募集资金。
②私募发行：向特定的投资者发行，以与发行者业务联系密切的投资者为对象。
(2) 直接发行与间接发行。
①直接发行：不委托承销机构。
②间接发行：委托其他机构代理发行。

(3) 平价发行、溢价发行与折价发行。
①平价发行：发行价格＝面额。
②溢价发行：发行价格＞面额。
③折价发行：发行价格＜面额。

3. C [解析] 场外交易市场是对证券交易所以外的证券交易市场的总称，其特征包括：①场外交易市场是一个分散的无形市场；②组织方式采取做市商制，而不是经纪制，投资者直接与证券商进行交易；③交易的证券种类繁多，以未能在证券交易所批准上市的股票和债券为主；④以议价方式进行证券交易，证券买卖采取一对一交易方式，其价格决定机制不是公开竞价，而是买卖双方协商议价；⑤管理比证券交易所相对宽松。

4. CD [解析] 证券竞价交易按价格优先、时间优先的原则撮合成交。

5. BCE [解析] 在证券集合竞价模式下，成交价的确立原则是可实现最大成交量、高于该价格的买入申报与低于该价格的卖出申报全部成交、与该价格相同的买方或卖方至少有一方全部成交。

6. A [解析] 以我国深圳证券交易所为例，如果证券采用竞价交易方式，每个交易日的 9:15—9:25 为开盘集合竞价时间，9:30—11:30、13:00—14:57 为连续竞价时间，14:57—15:00 为收盘集合竞价时间。

7. B [解析] 例行交割，即买卖双方在成交之后，按照证券交易所的规定或惯例交割。根据我国现行规定，A 股与基金采用 T＋1 交割方式，B 股采用 T＋3 交割方式。

● 考点再现

Q_7 证券交割方式。
(1) 当日交割：T＋0 交割，在成交当天进行交割。
(2) 次日交割：T＋1 交割，在成交后下一个营业日交割。
(3) 例行交割：成交后，按照证券交易所的规定或惯例交割。
(4) 选择交割（场外交易）：买卖双方自主选择交割日期。
注：A 股与基金采用 T＋1 交割方式，B 股采用 T＋3 交割方式。

Day 24

1. D [解析] 过户费是股票、基金的交易双方买卖成交后为变更股权登记所支付的费用，属于证券登记清算机构的收入，由证券经营机构代为扣收。

● 考点再现

Q_1 证券交易费用＝委托手续费＋佣金＋印花税＋过户费。
(1) 委托手续费：按笔数计算，无统一标准，可免手续费。
(2) 佣金：①用于证券经营机构经纪费、证券交易所交易经手费及管理机构监管费；②按成交金额的一定比例支付。
(3) 印花税：由证券经营机构代扣代缴，向买卖双方分别征收。
(4) 过户费（证券登记清算机构收入）：归属于证券登记清算机构，由证券经营机构代为扣收。

2．ACDE ［解析］从交易机制上看，金融衍生工具主要有远期、期货、期权、互换等品种。

3．C ［解析］投资者担心利率上升给自己带来损失时可通过买入远期利率协议进行套期保值，以便将未来借款利率固定在某一水平上。

4．A ［解析］远期利率协议无需交割本金，利率按差额结算，资金流动量较小。金融期货不属于金融远期合约。

5．B ［解析］金融期货合约是指协议双方约定在将来某一特定的时间按约定的条件（包括价格、交割地点、交割方式）买入或卖出一定标准数量的某种特定金融工具的标准化协议。

6．ACDE ［解析］股指期货交易的特点包括：①交易的对象是股价指数；②成交签约与交割不同时进行，是一种期货交易；③交易价格以"点"来计算和表示；④一般按季确定交割时间；⑤以现金方式进行交割。

7．D ［解析］期货合约的合约规模、交割日期、交割地点等都是标准化的，即在合约上有明确的规定，无须双方再商定。交易双方所要做的唯一工作是选择适合自己的期货合约，并通过交易所竞价确定成交价格。价格是期货合约的唯一变量。

8．D ［解析］空头交易又称卖空，即投资者预测某证券价格将要下跌，先订立期货合约按现有价格卖出，待该证券价格下跌以后再买进，从而获取高卖低买之间的差价。

9．(1) AB ［解析］股价指数期货交易的特点有：①交易对象是股价指数；②成交签约与交割不同时进行，是一种期货交易；③交易价格以"点"计算和表示；④一般按季确定交割时间；⑤以现金方式进行交割。

(2) B ［解析］多头交易又称买空，即投资者预期某证券的价格将要上涨，先以期货合同预约买进，等交割时再高价卖出，从中获取差价。

(3) C ［解析］6月5日，股价指数为2 000点。8月15日，股价指数下跌到1 800点。每点指数的乘数为300元。张先生的盈亏状况为：(1 800－2 000)×300＝－60 000（元），即亏损60 000元。

(4) B ［解析］6月5日，股价指数为2 000点。7月10日，股价指数上涨到2 100点。每点指数的乘数为300元。张先生的盈亏状况为：(2 100－2 000)×300＝30 000（元），即盈利30 000元。

Day 25

1．B ［解析］B项，期权买方可以选择不执行期权。

2．AD ［解析］购买期权的人要向出售期权者支付一定的期权费，期权费也称期权价格，A项正确。期限越长，买方选择余地越大，所以期权价格越高，B项错误。如目前行情看涨，则看涨期权的价格要高，看跌期权的价格要低，C项错误。购买期权的人在支付给出售期权的人一定比例的期权费之后，就有权按照事先达成的协议，在一定时期内按规定的价格买进或卖出一定数量的证券。购买期权者在规定期限内可以行使这一权利，也可以不行使这一权利，即不买卖证券而任其作废，D项正确。期权出售者收取了期权费，因此在协议规定的有效期间内，无论市场行情如何变化，其都有按协议规定执行交易的义务，而没有任何选择的余地，只能被动地等待期权购买者是否行使期权的决定，直到期权过期为止，E项错误。

3. (1) B [解析] 看跌期权又称卖出期权，是期权购买者预测未来标的证券价格下跌，而与他人订立卖出合约，并支付期权费购买在一定时期内按合约规定的价格和数量卖出该证券给对方的权利。期权费＝0.5×1 000＝500（元）。

(2) C [解析] 可获利：（10－8）×1 000－500＝1 500（元）。

(3) D [解析] 期权出售者收取了期权费，因此在协议规定的有效期间内，无论市场行情如何变化，其都有按协议规定执行交易的义务，而没有任何选择余地，只能被动地等待期权购买者是否行使期权的决定，直到期权过期为止。

(4) ACD [解析] 期权交易的直接对象是买卖证券的权利，B项错误。

4. ABD [解析] 金融互换的主要功能有：①在市场间进行套利；②管理利率风险和汇率风险；③逃避外汇管制、利率管制及税收限制。

5. ABC [解析] 金融互换分为货币互换、利率互换和交叉互换三种类型。

6. A [解析] 总收益互换属于单一产品；担保债务凭证和互换期权属于组合产品；外汇担保证券属于其他产品。

● 考点再现

Q_6 信用衍生品的种类。

(1) 单一产品：

①含义：参考实体是单一经济实体。

②构成：单一名称信用违约互换（CDS）、总收益互换（TRS）、信用联结票据（CLN）、信用价差期权（CSO）。

(2) 组合产品：

①含义：参考实体是一系列经济实体。

②构成：CDS指数、担保债务凭证（CDO）、互换期权、分层级指数交易。

(3) 其他产品：信用固定比例投资组合保险债券、信用固定比例债务债券等与资产证券化相关的衍生品。

Day 26

1. B [解析] 同业拆借利率（年率）＝拆借利息÷拆借本金×360÷拆借天数×100％＝5÷500×360÷120×100％＝3％。

2. C [解析] 影响国债回购利率变动的因素包括银行利率、股市行情和时间。其中，银行利率对交易所国债回购交易利率的长期变动起决定性作用，两者呈同方向变动。

3. B [解析] 贴现率＝（贴现利息÷票面金额）×（360÷未到期天数）×100％＝（2÷100）×（360÷180）×100％＝4％。故该笔贴现业务执行的年贴现率为4％。

4. ACE [解析] 影响国债回购利率变动的因素有银行利率、回购期限和股市行情。

5. CE [解析] 衡量债券收益的指标主要有票面收益率和持有期收益率。

6. D [解析] 衡量股票市场行情的指标是股票价格指数。

7. B [解析] 道·琼斯股价指数是美国道·琼斯公司编制并发布的用以反映纽约证券交易所行情变化的股票价格平均指数，是世界上历史最悠久、影响力最大、久负盛名的股价指数。

8. D [解析] 市盈率＝股票的市场价格÷每股税后利润＝12÷0.5＝24。

9. B [解析] 市盈率是用来衡量股价高低的指标，它从公司收益的角度反映股票价格水平。

10. A [解析] 我国对股票实行价格涨跌幅限制，在一个交易日内，ST 和 *ST 股票价格涨跌幅的限制比例为 5%。

> ● 考点再现
>
> Q_{10} 涨跌幅限制。
>
> （1）一般股票：一个交易日内，股票涨跌幅限制比例为 10%。北京证券交易所股票自上市次日起，涨跌幅限制为 30%。
>
> （2）特别处理股票：ST 和 *ST 涨跌幅限制比例为 5%。
>
> （3）创业板、科创板：涨跌幅限制比例为 20%。
>
> 计算公式为：涨跌幅限制价格＝前收盘价×（1±涨跌幅限制比例）。

本章强化测试

第五章　商业银行的资本与负债

> **学习指导**

本章所涉知识点为商业银行的资本、负债，属于实务部分。本章高频考点包括巴塞尔协议、我国商业银行资本管理、商业银行存款的种类、商业银行存款的管理。

本章所涉知识点以文字性内容为主，历年考查分值在 18 分左右。本章在学习时应重点注意知识点内容上的区别，并着重进行记忆。

日期	考点
Day27	➢商业银行资本的概念与功能 ➢商业银行资本监管的国际规则
Day28	➢我国商业银行资本管理 ➢商业银行存款的意义
Day29	➢商业银行存款的种类 ➢影响商业银行存款量的因素
Day30	➢同业负债 ➢向中央银行借款 ➢向国际金融市场借款 ➢占用短期资金 ➢发行金融债券
Day31	➢负债质量管理 ➢存款负债的管理 ➢借入负债的管理

▶▶▶ Day 27

✔考点：商业银行资本的概念与功能

1. ［单选］我国商业银行法规定，注册资本应当等于（　　）。
    A. 实缴资本
    B. 产权资本
    C. 发行资本
    D. 债务资本

2. [单选] 商业银行注册资本体现为银行资产负债表中的（　　）。
   A. 注册资本
   B. 实收资本
   C. 会计资本
   D. 监管资本

3. [多选] 商业银行资本的功能包括（　　）。
   A. 营业功能
   B. 投资功能
   C. 管理功能
   D. 保护功能
   E. 流通功能

4. [多选] 商业银行资本的营业功能主要体现在（　　）。
   A. 商业银行开业购置房屋、设备以及其他非盈利资产的资金来源
   B. 保护存款人、债权人的利益
   C. 确保商业银行规模和业务增长的长期性和可持续性
   D. 监管机构通过系列资本监管指标加强对商业银行的监督管理
   E. 商业银行通过调整自身的经营行为和资产负债结构来满足金融监管当局规定的资本金监管指标要求

▼ **考点**：商业银行资本监管的国际规则

5. [单选] 1988年的巴塞尔协议规定，商业银行的附属资本不能超过总资本的（　　）。
   A. 20%
   B. 40%
   C. 50%
   D. 60%

6. [单选] 巴塞尔协议Ⅲ对系统重要性银行提出的附加资本要求最低比例为（　　）。
   A. 0.5%
   B. 1%
   C. 4%
   D. 4.5%

7. [单选] 催生了巴塞尔协议Ⅲ的金融事件是（　　）。
   A. 美国次贷危机
   B. 东南亚金融危机
   C. 俄罗斯债务危机
   D. 巴林银行倒闭

8. [单选] 根据我国《商业银行资本管理办法》，商业银行储备资本要求应由（　　）来满足。
   A. 核心一级资本
   B. 其他一级资本
   C. 二级资本
   D. 超额贷款损失准备

✎ **学习笔记**

Day 28

▼ **考点**：我国商业银行资本管理

1. [单选] 商业银行在计算资本充足率时，可以计入其资本扣除项的项目是（　　）。
   A. 一般风险准备　　　　　　　　　　B. 商誉
   C. 土地使用权　　　　　　　　　　　D. 超额贷款损失准备

2. [多选] 下列属于导致资本需要量上升的因素的有（　　）。
   A. 宏观经济处于上升周期
   B. 银行信誉差
   C. 经营规模大
   D. 资本稳定性差
   E. 法律要求留存较高资本

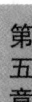

3. [单选] 20世纪60年代前，商业银行增加资本主要依赖于（　　）。
   A. 发行股票　　　　　　　　　　　　B. 收益留成
   C. 发行债券　　　　　　　　　　　　D. 同业存款

4. [单选] 商业银行从内部筹集资本的缺点是（　　）。
   A. 股东免缴个人所得税
   B. 成本较低
   C. 不会削弱股东控制权
   D. 收益留成受成本制约

5. [单选] 下列不属于商业银行外部筹集资本方式的是（　　）。
   A. 出售资产　　　　　　　　　　　　B. 租赁设备
   C. 发行普通股　　　　　　　　　　　D. 留存收益

6. [多选] 商业银行以发行优先股方式筹资的优点包括（　　）。
   A. 不承担固定的债务负担
   B. 使普通股股东获得杠杆作用效益
   C. 当企业破产清算时，如果没有剩余财产，还可不归还这部分资本
   D. 既可增加资本，又不分散原股东的控制权
   E. 无固定的偿还期

7. [单选] 下列不属于商业银行发行资本性债券筹资的优点的是（　　）。
   A. 可永久使用
   B. 不分散控股权
   C. 发行手续简便
   D. 发行费用较低

▼ **考点**：商业银行存款的意义

8. [单选] 商业银行开展资产业务的基础和前提是（　　）。
   A. 中间业务　　　　　　　　　　　　B. 存款业务
   C. 投资业务　　　　　　　　　　　　D. 表外业务

9. [单选] 商业银行的主要资金来源是（　　）。
   A. 计提应付利息 B. 吸收存款
   C. 提取呆账准备金 D. 占用银行汇差

10. [单选] 商业银行作为（　　），表现为"借款人的集中"和"贷出者的集中"。
    A. 支付中介 B. 信用中介
    C. 融资中介 D. 做市商

✎ 学习笔记

Day 29

▼ **考点**：商业银行存款的种类

1. [单选] 在个人存款业务中，整存整取的起存金额为（　　）元。
   A. 5　　　　　　　　　　　　B. 50
   C. 500　　　　　　　　　　　D. 5 000

2. [单选] 下列不属于单位定期存款的存期的是（　　）。
   A. 1 个月　　　　　　　　　　B. 3 个月
   C. 1 年　　　　　　　　　　　D. 2 年

3. [单选] 下列存款中，适用于商业银行安排短期项目的资金来源的是（　　）。
   A. 单位通知存款
   B. 单位定期存款
   C. 单位协定存款
   D. 单位活期存款

4. [多选] 我国商业银行办理单位通知存款的品种有（　　）。
   A. 1 天通知存款
   B. 3 天通知存款
   C. 5 天通知存款
   D. 7 天通知存款
   E. 10 天通知存款

5. [单选] 单位结构性存款的主要特征是（　　）。
   A. 高风险、低收益
   B. 高风险、高收益
   C. 低风险、高收益
   D. 低风险、低收益

6. [单选] 我国储蓄存款中，5 万元起存的存款种类是（　　）存款。
   A. 整存整取
   B. 定活两便
   C. 个人通知
   D. 存本取息

▼ **考点**：影响商业银行存款量的因素

7. [多选] 影响存款总量变动的外部影响因素有（　　）。
   A. 社会经济发展水平
   B. 商业银行服务质量
   C. 货币政策
   D. 通货膨胀率水平
   E. 存款种类与方式

8. ［多选］影响单个商业银行存款量变动的因素有（　　）。
   A. 资本充足率
   B. 存款利率
   C. 资产质量与规模
   D. 存款种类与方式
   E. 服务项目和服务质量

✎ 学习笔记

Day 30

▼ 考点：同业负债

1. [单选] 下列不属于商业银行同业负债形式的是（   ）。
   A. 再贴现   B. 转贴现
   C. 转抵押   D. 同业拆借

2. [单选] 我国商业银行之间的拆借资金可用于（   ）。
   A. 固定资产贷款   B. 投资
   C. 补充资本   D. 调剂头寸

3. [单选] （   ）的实质是商业银行把自己对客户的抵押贷款转让给其他同业。
   A. 再贷款   B. 再贴现
   C. 转贴现   D. 转抵押

▼ 考点：向中央银行借款

4. [多选] 下列关于再贷款的说法中，正确的有（   ）。
   A. 再贷款是商业银行向企业发放的贷款
   B. 再贷款是中央银行控制货币供给量的主要途径之一
   C. 再贷款是商业银行的被动负债
   D. 再贷款是中央银行充当最后贷款人向商业银行发放的贷款
   E. 中央银行投放基础货币的重要渠道之一

5. [单选] 下列各项中，属于商业银行从中央银行融资途径的是（   ）。
   A. 吸收存款   B. 再贴现
   C. 转贴现   D. 同业拆借

6. [单选] 中央银行从事公开市场操作的目的在于（   ）。
   A. 盈利   B. 增加资产
   C. 减少资产   D. 调节货币供应量

7. [单选] 不能作为人民银行中期借贷便利（MLF）合理质押品的是（   ）。
   A. 中央银行票据   B. 政策性金融债券
   C. 国债   D. 次级债券

8. [单选] 下列关于常备借贷便利（SLF）的说法中，错误的是（   ）。
   A. 由金融机构主动发起
   B. 采取质押方式发放
   C. 中央银行与金融机构一对一交易，针对性强
   D. 交易对手覆盖面广

▼ 考点：向国际金融市场借款

9. [单选] 最具规模、影响力最大的国际金融市场是（   ）。
   A. 亚洲金融市场   B. 欧元区
   C. 离岸金融市场   D. 欧洲美元市场

10. ［单选］商业银行向国际金融市场借款主要来自（　　）。
    A. 外币借贷市场　　　　　　　　　B. 民间借贷市场
    C. 网络借贷市场　　　　　　　　　D. 债券借贷市场

▼ **考点**：占用短期资金

11. ［多选］下列可能给商业银行带来短期可占用资金的项目有（　　）。
    A. 应收账款　　　　　　　　　　　B. 应收利息
    C. 应付利息　　　　　　　　　　　D. 应付税金
    E. 应付股利

▼ **考点**：发行金融债券

12. ［单选］下列属于商业银行筹集中长期资金的渠道的是（　　）。
    A. 向中央银行借款　　　　　　　　B. 发行金融债券
    C. 同业拆借　　　　　　　　　　　D. 回购

13. ［单选］下列关于金融债券的说法中，错误的是（　　）。
    A. 金融债券是商业银行中长期资金的重要来源
    B. 发行金融债券要受发行机构信用等级的约束
    C. 金融债券利率高于同期储蓄存款利率
    D. 金融债券不能解决商业银行资金来源不足和期限不匹配的矛盾

✎ **学习笔记**

Day 31

▽ **考点**：负债质量管理

1. [单选] 关于负债质量管理的意义，下列说法错误的是（　　）。
   A. 提高商业银行的流动性
   B. 实现从被动型向主动型负债模式的转变
   C. 使负债完全独立于资产业务运作
   D. 促进负债适应和支持资产业务

2. [单选] 关于商业银行负债项目真实性管理，下列说法错误的是（　　）。
   A. 负债业务应基于真实的债权债务关系
   B. 允许通过虚拟交易调节负债规模
   C. 负债确保同一业务的统计数据与会计数据保持一致性
   D. 负债核算应符合会计准则要求

3. [多选] 关于商业银行负债结构的多样性管理，下列说法正确的有（　　）。
   A. 要求形成客户结构多样的负债组合
   B. 需要建立资金交易对手分散的负债组合
   C. 应当建立行业、客户类型等不同维度的负债结构指标管理体系
   D. 最大十户存款比例是重要的参考指标之一
   E. 仅需关注存款类负债的结构多样性

▽ **考点**：存款负债的管理

4. [单选] 一个开户单位能在商业银行开立的基本存款账户个数为（　　）个。
   A. 1　　　　　　　　　　　　B. 2
   C. 3　　　　　　　　　　　　D. 4

5. [单选] 我国商业银行现金管理制度规定，开户企业库存现金限额一般不得超过本单位（　　）天的日常零星开支所需金额。
   A. 1～2　　　　　　　　　　　B. 3～5
   C. 6～8　　　　　　　　　　　D. 10

6. [单选]（　　）反映了在银行资金来源总额中扣除应缴存的法定存款准备金和必要的储备金之后的余额。
   A. 利息成本　　　　　　　　　B. 营业成本
   C. 资金成本　　　　　　　　　D. 可用资金

7. [单选] 存款总量与存款成本的关系表现不正常的是（　　）。
   A. 总量增加，成本上升
   B. 总量增加，成本下降
   C. 总量增加，成本不变
   D. 总量不变，成本增加

▽ **考点**：借入负债的管理

8. ［单选］关于商业银行借入负债的管理，下列说法错误的是（ ）。

　　A. 同业借款业务最长期限不得超过 3 年

　　B. 其他同业融资业务最长期限不得超过 1 年

　　C. 业务到期后可以适当展期

　　D. 单家商业银行同业融入资金余额不得超过该银行负债总额的 1/3

9. ［单选］关于商业银行负债业务创新管理，下列说法错误的是（ ）。

　　A. 新业务开展前需进行风险评估

　　B. 新业务运行后无须持续监测

　　C. 应制定相应风险管理措施

　　D. 需定期评估管理措施的有效性

✎ 学习笔记

本章学习检查表

知识点名称	初次学习		第一次复习		第二次复习	
	做对题目数/总题目数	学习日期	做对题目数/总题目数	复习日期	做对题目数/总题目数	复习日期
商业银行资本的概念与功能						
商业银行资本监管的国际规则						
我国商业银行资本管理						
商业银行存款的意义						
商业银行存款的种类						
影响商业银行存款量的因素						
同业负债						
向中央银行借款						
向国际金融市场借款						
占用短期资金						
发行金融债券						
负债质量管理						
存款负债的管理						
借入负债的管理						

填写建议：

"做对题目数/总题目数"记录自己各知识点做题的情况，比如，某知识点总题目数10题，自己做对了其中7题，记录为7/10。

"学习日期"和"复习日期"记录自己学习和复习各知识点的日期。

备忘录

参考答案及解析

Day 27

1. A [解析] 我国商业银行法规定,注册资本应当等于实缴资本。注册资本为商业银行全体股东认缴的出资额或全体发起人认购的股本总额。

2. B [解析] 商业银行注册资本体现为银行资产负债表中的实收资本或股本,是商业银行业务经营的基础和防范风险的根本保障。

3. ACD [解析] 商业银行资本的功能有营业功能、保护功能和管理功能。

4. AC [解析] 商业银行资本的营业功能包括:①资本是商业银行开业购置房屋、设备以及其他非盈利资产的资金来源;②确保商业银行规模和业务增长的长期性和可持续性。

● 考点再现

Q_{3-4} 商业银行资本的功能如表5-1所示。

表5-1 商业银行资本的功能

项目	作用
营业功能	(1) 为商业银行的注册、组织营业以及吸收存款之前的经营活动提供启动资金,是商业银行开业购置房屋、设备以及其他非盈利资产的资金来源 (2) 确保商业银行规模和业务增长的长期性和可持续性
保护功能	(1) 弥补商业银行的经营亏损,客户承受偶然损失的"缓冲器",保护存款人、债权人利益 (2) 维护社会公众信心 (3) 提高银行承受风险的能力 (4) 是银行安全经营、维护自身良好信誉的最后屏障
管理功能	(1) 金融监管当局通过资本监管指标(资本充足率等)加强对银行的监督管理,督促其加强资本管理以满足相应的资本充足要求 (2) 银行通过调整自身的经营行为和资产负债结构来满足金融监管当局的资本监管要求

5. C [解析] 1988年的巴塞尔协议规定,商业银行的附属资本不能超过总资本的50%。

6. B [解析] 巴塞尔协议Ⅲ对于全球系统重要性银行,按照其系统重要性程度,附加资本要求1%~3.5%。

7. A [解析] 美国次贷危机催生了巴塞尔协议Ⅲ。自2007年美国次贷危机以来,巴塞尔银行监管委员会对巴塞尔新资本协议的不足之处进行了检讨,并对其风险管理与银行监管准则等方面进行了增修。

8. A [解析] 根据我国《商业银行资本管理办法》,储备资本应当为风险加权资产的2.5%,由核心一级资本来满足。

Day 28

1. B [解析] 扣除项目(从核心一级资本中全额扣除)包括:商誉;其他无形资产(土地使用权除外);由经营亏损引起的净递延税资产;损失准备缺口;资产证券化销售利得;确定受益类的养老金资产净额;直接或间接持有本银行的股票;对资产负债表中未按公允价值计量的项目进行套期形成的现金流储备(若为正值则应予以扣除,若为负值则应予以加回);商业银行自身信用风险变化导致其负债公允价值变化带来的未实现损益;审慎估值调整。

2. BCDE [解析] 导致资本需要量上升的因素有:①宏观经济处于上升周期,银行资本的需要量较低;②银行信誉高,资本保持量可相对较低;③经营规模越大,固定资产设备占用的资金越多,资本需要量也越大;④资本稳定性越差,为满足流动性需要,所需要的资本储备量越多;⑤法律制度会直接或间接地影响商业银行资本的需要量。

> **●考点再现**
>
> Q_2 资本需要量的影响因素如表5-2所示。
>
> **表5-2 资本需要量的影响因素**
>
> | 项目 | 影响过程 |
> | --- | --- |
> | 宏观经济形势 | (1) 宏观经济处于上升周期→债务人生产经营状况好→银行存款增加→挤兑可能性小→资本需要量低
(2) 宏观经济恶化→债务人破产→市场流动性紧张→防止挤兑行为→资本需要量提高 |
> | 银行信誉 | (1) 银行信誉好→不必保持大量资本应对挤提风险→资本需要量低
(2) 银行信誉差→必须保持大量资本应对挤提风险→资本需要量高 |
> | 资产负债状况 | (1) 经营规模:经营规模大→固定资产设备占用资金多→资本需要量大
(2) 资产质量:资产质量高→创造收益多、风险小→动用资本进行补偿的可能性小→资本需要量低
(3) 负债结构:①负债稳定性高→资本需要量低;②负债稳定性差→满足流动性→资本需要量高 |
> | 法律制度因素 | 法律制度会直接或间接地影响商业银行资本的需要量。监管部门通常以法律形式对资本作出具体规定 |

3. B [解析] 在20世纪60年代以前相当长的一个时期,商业银行资本的主要来源是收益留成。特别是小型银行,收益留成几乎是其内部增加资本的唯一渠道。

4. D [解析] 商业银行从内部筹集资本的缺点包括:①收益留成的可能性要取决于经营收益的多少和收益分配政策;②收益留成受成本制约。

5. D [解析] 商业银行从外部筹集资本的方式包括出售资产、租赁设备、发行普通股、发行优先股、发行中长期债券等。

6. ABCD [解析] 商业银行以发行优先股方式筹资的优点包括:①既可增加资本,又不分散原股东的控制权;②不承担固定的债务负担;③使普通股股东获得杠杆作用效益;④当企业破产清算时,如果没有剩余财产,还可不归还这部分资本。

7. A [解析] 以发行资本性债券的方式筹资的优点包括:①不分散原有股东的控制权;②发行手续相对简便;③发行费用较低;④债务利息一般固定、税前支出,所筹资金不缴纳存款准备金。

8. B [解析] 商业银行作为信用中介,首先表现为"借款人的集中",即通过存款业务广泛地筹集资金,然后才可能成为"贷出者的集中",即通过资产业务有效地运用资金。因此,存款业务是商业银行开展资产业务的基础和前提。

9. B [解析] 商业银行的主要资金来源是吸收存款。

10. B [解析] 存款是商业银行开展资产业务的基础和前提。商业银行作为信用中介，表现为"借款人的集中"和"贷出者的集中"。

Day 29

1. B [解析] 整存整取的存款方式为整笔存入，到期一次支取本息，起存金额为50元。

2. A [解析] 单位定期存款的存期分3个月、6个月、1年、2年、3年、5年六个档次。

3. D [解析] 对商业银行来讲，单位活期存款因其流动性强、风险较大、手续烦琐，在运用这部分资金时，一般以安排短期项目为主。

4. AD [解析] 对于单位通知存款，不论实际存期多长，按存款单位提前通知的期限长短划分为1天通知存款和7天通知存款两个品种（单位外汇通知存款只有7天通知存款1种）。

5. B [解析] 单位结构性存款通常是指在客户普通存款的基础上嵌入金融衍生工具（主要是期权），收益与利率、汇率、指数等的波动挂钩或与某实体的信用情况挂钩。单位结构性存款具有高风险、高收益特征，适用于对收益要求较高，对外汇汇率及利率走势有一定认识，并有能力承担一定风险的客户。

6. C [解析] 个人通知存款5万元起存，多存不限，按存款人提前通知的期限长短划分为1天通知存款和7天通知存款两个品种。

7. ACD [解析] 影响存款总量变动的外部影响因素有：①社会经济发展水平；②金融市场发达程度和金融资产种类；③货币政策；④通货膨胀率水平；⑤存款利率。

8. ACDE [解析] 影响单个商业银行存款量变动的因素包括：①商业银行资本充足率；②资产质量与规模；③服务项目与服务质量；④存款种类与方式。

> **◆考点再现◆**
>
> $Q_{7\text{-}8}$ 1. 影响存款总量变动的因素——外部影响因素
>
> （1）社会经济发展水平。这个因素对存款的影响主要有两个方面：
>
> ①市场经济或国民经济发展水平所决定的货币信用关系的发展程度对存款有影响。经济发展快、信用关系深化的地区，存款规模大。
>
> ②社会经济发展的不同周期对存款有影响。在经济高速发展时期，社会有效需求猛增，整个社会资金充裕，存款大幅度上升；经济衰退或缓慢增长时期，存款增长速度会放缓甚至下降。
>
> （2）金融市场发达程度和金融资产种类。
>
> 金融市场的发达程度和金融资产种类决定了企业和个人金融资产的选择。在企业和个人收入一定的情况下，储蓄存款与其他金融资产之间存在替代关系，在金融市场发展不充分、金融资产种类有限的条件下，随着收入的增加，储蓄存款会相应增长。
>
> （3）货币政策。
>
> ①央行货币政策：
>
> a. 央行实行严格的货币政策（提高法定存款准备金率、提高再贴现率、在公开市场卖出证券）→商业银行可用资金减少→贷款和投资规模减少→派生存款减少→存款总规模缩小。

b. 央行实行宽松的货币政策（降低法定存款准备金比率、降低再贴现率、在公开市场买入证券）→商业银行可用资金增加→贷款和投资规模增加→派生存款增加→存款总规模扩大。

②国家金融管理政策：现金管理政策、结算政策、专用基金管理政策。

(4) 通货膨胀率水平。

通货膨胀率高于存款利率，银行储蓄存款数量降低的可能性较大；反之，银行储蓄存款规模会扩大。

(5) 存款利率。

存款利率上升，存款数量增加；反之，则存款数量下降。

2. 影响单个银行存款量变动的因素——内部影响因素

(1) 商业银行资本充足率。

资本充足率高→存款安全性增加→存款规模增加。

(2) 商业银行资产质量与规模。

①资产质量：资产质量恶化→不良贷款积累→银行资产流动性降低→抗风险能力弱→存款安全性失去保障→不利于商业银行吸收存款。

②资产规模：资产规模大→有利于吸收存款。

(3) 商业银行服务项目和服务质量。

服务项目多、服务质量好→吸引客户、扩大存款。

(4) 商业银行存款的种类与方式。

①存款种类多、形式灵活→可供客户选择范围大→对客户吸引力大→存款增加。

②银行存款策略的成功与否，主要取决于能否为客户提供日益丰富的存款种类和存款形式。

总结：

a. 外部影响因素相对稳定，属于银行不可控范围。

b. 内部影响因素可以通过银行自身努力改变，银行要实现存款量的增长，更需要在改善内部影响因素上下功夫。

Day 30

1. A ［解析］再贴现不属于商业银行同业负债的形式。

2. D ［解析］同业拆借是指在具有法人资格的商业银行及经法人授权的非法人金融分支机构之间进行短期资金融通的行为，目的在于调剂头寸和临时性资金余缺。

3. D ［解析］商业银行在资金临时短缺、周转不畅的情况下，也可以通过转抵押的方式向其他金融同业取得贷款。由于其用作抵押的资产大部分是客户的抵押资产，这种融资实质上是商业银行把自己对客户的抵押贷款转让给其他同业，故称转抵押。转抵押贷款手续较复杂，技术性也较强。

4. BDE ［解析］中央银行充当最后贷款人向商业银行发放的贷款称为再贷款。再贷款是中央银行控制货币供给量的主要途径之一。再贷款是商业银行的主动负债。再贷款是中央银行投放基础货币的重要渠道之一。

5. B [解析] 商业银行从中央银行融资的途径包括再贷款、再贴现、在公开市场上出售证券等。

6. D [解析] 中央银行的公开市场操作一方面是中央银行调节货币供应的重要方式，另一方面也为商业银行等机构通过出售其持有的国库券等合格证券换取资金提供了可能。

7. D [解析] MLF 需提供国债、中央银行票据、政策性金融债、高等级信用债等优质债券作为合格质押品。

8. B [解析] SLF 是以抵押方式发放，MLF 以质押方式发放。

9. D [解析] 目前最具规模、影响力最大的国际金融市场是欧洲美元市场，亚洲美元市场也正在迅速发展。

10. A [解析] 商业银行向国际金融市场的借款主要来自外币借贷市场。

11. ACDE [解析] 在商业银行业务往来的过程中，必然会产生资金的相互占用，当应付账款大于应收账款时，商业银行就占用了他人的资金。此外，各种应付未付款项如应付利息、应付税金、应付股利等也可为商业银行短期占用。

12. B [解析] 发行金融债券是商业银行筹集中长期资金的渠道之一。A、C、D 三项属于货币市场工具，用来筹集短期生产周转资金。

13. D [解析] 金融债券是商业银行为筹集资金而发行的一种有价证券，是表明债务债权关系的一种凭证。金融债券能够较有效地解决商业银行资金来源不足和期限不匹配的矛盾。

Day 31

1. C [解析] 做好负债质量管理的意义在于：①提高商业银行的流动性；②使得商业银行由单靠吸收存款的被动型负债模式，发展成向外借款的主动型负债方式；③使得商业银行可以根据资产业务的需要组织负债，让负债去适应资产、支持资产业务。

2. B [解析] 在具体经营管理中，各项负债业务应当基于真实的债权债务关系，并符合会计准则的相关要求。禁止通过虚构交易、对做交易以及乱用、错用会计科目或业务不入账等方式调增或调减负债。应确保各项负债的统计数据真实、准确、完整，并与同一业务的会计数据映射一致。

3. ABCD [解析] 负债结构的多样性旨在要求商业银行形成客户结构多样、资金交易对手分散、业务品种丰富、应急融资渠道多元的负债组合。商业银行应根据本行情况，建立行业、客户类型、产品种类等不同维度的负债结构指标管理体系，包括但不限于：最大十户存款比例、最大十家同业融入比例等相关参考指标。

4. A [解析] 一个开户单位能在商业银行开立的基本存款账户个数为 1 个。

5. B [解析] 商业银行根据开户单位的实际需要核定其库存现金限额，其库存现金一般不得超过本单位 3~5 天的日常零星开支所需要的现金。

6. D [解析] 可用资金即银行资金来源总额扣除应缴存的法定存款准备金和必要的储备金（库存现金、在中央银行的存款、在关联行的存款等）之后的余额。

7. D [解析] 存款总量与存款成本的关系表现为 4 种情况：①总量增加，成本上升（正常情况）；②总量增加，成本下降（最好情况）；③总量增加，成本不变（最好情况）；④总量不变，成本增加（需分析原因）。

第五章 商业银行的资本与负债

● 考点再现

Q_7 存款成本管理的内容如表 5-3 所示。

表 5-3 存款成本管理

项目	内容
管理目的	使存款经营以最小支出达到吸收存款的最佳规模效益
存款总量与存款成本的关系	（1）总量增加，成本上升：正常情况 （2）总量增加，成本下降：最好情况 （3）总量增加，成本不变：最好情况 （4）总量不变，成本增加：分析原因
存款成本高低的影响因素	存款总量、存款结构、单位成本内固定与变动成本的比重、利息成本与营业成本占总成本的比重
提高存款总量、降低存款成本的方式	内涵扩大再生产、改变存款结构、创新存款品种、提高存款工具的流动性、提高服务质量；不能单纯依靠提高利率、增设网点等粗放扩张方式

8. C ［解析］同业借款业务最长期限不得超过 3 年，其他同业融资业务最长期限不得超过 1 年，业务到期后不得展期。

9. B ［解析］商业银行应当在合规、稳健的前提下开展负债业务创新管理，在引入新产品、新客户、新流程、新技术手段前，应当充分识别和评估其包含的各类风险以及对整体负债质量的影响，并制定相应风险管理措施。引入并运行后，应加强日常监测，定期评估相应措施的有效性，并根据需要及时进行调整。

本章强化测试

第六章 商业银行的金融资产与表外业务

> **学习指导**

本章所涉知识点为商业银行的金融资产与表外业务，属于实务部分。高频考点包括贷款种类、贷款风险及其控制、证券投资的收益与风险、商业银行表外业务的种类。知识点难度一般。

本章所涉知识点以文字性内容为主，考试内容多为对教材原文的考查，历年考查分值在 14 分左右。考生在学习时需重点注意概念之间的区分。

日期	考点
Day32	➢ 商业银行现金类资产的构成 ➢ 商业银行现金类资产的管理原则 ➢ 商业银行头寸匡算与预测
Day33	➢ 贷款关系人及其权利义务 ➢ 贷款种类 ➢ 贷款程序 ➢ 贷款监管要求 ➢ 贷款风险及其控制
Day34	➢ 商业银行证券投资的目标 ➢ 商业银行证券投资的工具 ➢ 证券投资的收益与风险
Day35	➢ 商业银行表外业务的概念 ➢ 商业银行表外业务的种类 ➢ 商业银行表外业务的风险

▶▶▶ Day 32

▽ **考点**：商业银行现金类资产的构成

1. ［单选］商业银行的现金类资产是（　　）。
   A. 高盈利性资产　　　　　　　　　B. 高流动性资产
   C. 高衍生性资产　　　　　　　　　D. 高风险性资产

2. ［多选］商业银行的现金类资产包括（　　）。
   A. 库存现金　　　　　　　　　　　B. 拆入资金
   C. 在中央银行的存款准备金　　　　D. 向中央银行借入款项
   E. 存放同业款项

3. [单选] 商业银行现金类资产中以现钞形态存在的是（ ）。
   A. 超额准备金　　　　　　　　　　　B. 法定准备金
   C. 库存现金　　　　　　　　　　　　D. 同业存款

4. [单选] 下列关于存款准备金的说法中，错误的是（ ）。
   A. 存款准备金是指商业银行存放在中央银行的资金
   B. 存款准备金包括法定存款准备金和超额存款准备金
   C. 法定存款准备金是商业银行用于日常支付和债务清算的资金
   D. 超额存款准备金的多少直接影响商业银行的信贷扩张能力

5. [单选] 下列关于超额存款准备金的说法中，错误的是（ ）。
   A. 超额存款准备金是指商业银行在中央银行存款超过法定存款准备金的部分
   B. 超额存款准备金的多少直接影响商业银行的信贷扩张能力
   C. 超额存款准备金是商业银行按照法律规定，将其吸收的存款按照一定比例向中央银行缴存的准备金
   D. 超额存款准备金是商业银行用于日常支付和债务清算的资金

◆ 考点：商业银行现金类资产的管理原则

6. [单选] 下列不属于商业银行现金类资产管理原则的是（ ）。
   A. 总量适度　　　　　　　　　　　　B. 适时调节
   C. 适当流动　　　　　　　　　　　　D. 注重安全

7. [单选] 商业银行现金类资产管理的首要目标为（ ）。
   A. 注重安全　　　　　　　　　　　　B. 注重盈利
   C. 总量适度　　　　　　　　　　　　D. 适时调节

◆ 考点：商业银行头寸匡算与预测

8. [单选] 商业汇票的库存现金加上其在中央银行的超额存款准备金即为（ ）。
   A. 敞口头寸　　　　　　　　　　　　B. 可用头寸
   C. 可贷头寸　　　　　　　　　　　　D. 基础头寸

9. [单选] 下列操作中，会导致商业银行基础头寸减少的是（ ）。
   A. 储户支取现金　　　　　　　　　　B. 向央行借款
   C. 储户存入现金　　　　　　　　　　D. 超额存款准备金增加

10. [单选] 商业银行某一时点可以直接用于贷款和投资的资金，形成商业银行盈利性资产主要来源的是（ ）。
    A. 基础头寸　　　　　　　　　　　　B. 可用头寸
    C. 盈利头寸　　　　　　　　　　　　D. 可贷头寸

11. [单选] 某银行现有库存现金500万元，存放央行的超额存款准备金100万元，存放同业存款100万元，最低超额备付金限额为50万元，则该银行的可贷头寸为（ ）万元。
    A. 700　　　　　　　　　　　　　　B. 500
    C. 600　　　　　　　　　　　　　　D. 650

12. ［单选］短期头寸的匡算实际上是对（   ）的匡算。
    A. 可用头寸　　　　　　　　　　　B. 存放同业
    C. 基础头寸　　　　　　　　　　　D. 可贷头寸

Day 33

▼ **考点**：贷款关系人及其权利义务

1. ［多选］贷款人具有（ ）的权利。
   A. 自主审查和决定贷款
   B. 决定贷款金额和期限
   C. 向关系人发放信用贷款
   D. 为委托人垫付资金
   E. 根据合同规定，采取使贷款免受损失的措施

2. ［多选］下列关于借款人的资格、权利、义务及限制性要求的说法中，正确的有（ ）。
   A. 借款人应按借款合同约定及时清偿贷款本息
   B. 借款人可自主申请贷款
   C. 借款人不可以在同一贷款人同一辖区的两个以上同级分支机构取得贷款
   D. 借款人可以自主决定贷款的用途
   E. 借款人拒绝借款合同以外的附加条件

3. ［单选］下列属于担保人义务的是（ ）。
   A. 按借款合同约定及时清偿贷款本息
   B. 不得违规使用贷款资金
   C. 当借款人不能履行还款义务或者不履行还款义务时，担保人依照担保合同的约定承担担保责任
   D. 对借款人的债务、财产、生产经营情况保密，但对依法查询者除外

▼ **考点**：贷款种类

4. ［单选］商业银行发放的5年以上的贷款是（ ）贷款。
   A. 短期   B. 中期
   C. 长期   D. 自营

5. ［单选］质押贷款属于（ ）。
   A. 信用贷款   B. 贷款便利
   C. 票据贴现   D. 担保贷款

6. ［多选］按贷款的偿还方式不同，商业银行的贷款分为（ ）。
   A. 一次性偿还贷款   B. 分期偿还贷款
   C. 批发贷款   D. 零售贷款
   E. 信用贷款

▼ **考点**：贷款程序

7. ［多选］商业银行贷款程序的主要环节包括（ ）。
   A. 贷款申请   B. 贷款调查与信用评估
   C. 贷款归还   D. 贷款风险控制
   E. 贷款审批

8. [单选] 在贷款调查与信用评估阶段应该关注的重点不包括（　　）。
   A. 借款人的信用等级
   B. 借款的合法性、安全性、盈利性
   C. 核实抵押物、质物、保证人情况
   D. 审贷分离，分级审批

> 考点：贷款监管要求

9. [单选] 下列关于流动资金贷款管理要求，说法有误的是（　　）。
   A. 不得用于借款人股东分红
   B. 不得用于股权投资
   C. 贷款期限原则上不超过3年
   D. 经过审批，贷款期限可延长到10年

> 考点：贷款风险及其控制

10. [单选] 贷款五级分类中的关注类贷款是指（　　）。
    A. 借款人能履行合同，没有足够理由怀疑贷款本息不能得到按时足额偿还
    B. 尽管借款人目前有能力偿还贷款本息，但存在对偿还产生不利影响的因素
    C. 借款人的还款能力出现明显问题，但是只要执行担保就不会出现损失
    D. 借款人无法足额偿还贷款本息，即使执行抵押与担保也肯定要造成较大损失

11. [多选] 商业银行贷款风险控制的方法一般有（　　）。
    A. 风险分类　　　　　　　　　　B. 风险分散
    C. 风险转移　　　　　　　　　　D. 风险补偿
    E. 风险回避

12. [多选] 商业银行对承担信用风险的金融资产进行风险分类时，遵循的原则有（　　）。
    A. 真实性原则　　　　　　　　　B. 及时性原则
    C. 审慎性原则　　　　　　　　　D. 独立性原则
    E. 客观性原则

学习笔记

Day 34

▽ **考点**：商业银行证券投资的目标

1. [单选] 不列不属于商业银行证券投资目标的是（　　）。
   A. 获取收益
   B. 保持资本充足率
   C. 增强流动性
   D. 进行风险管理，提高资产安全性

2. [单选] 当前我国商业银行通过证券投资获取收益的来源不包括（　　）。
   A. 资本利得
   B. 债券利息
   C. 合理节税
   D. 股票红利

▽ **考点**：商业银行证券投资的工具

3. [多选] 金融债券的特征包括（　　）。
   A. 专用性
   B. 流动性
   C. 收益性
   D. 可提前兑取
   E. 集中性

4. [单选] 短期融资券是指具有法人资格的非金融企业在银行间债券市场发行和交易的，约定在（　　）内还本付息的债务融资工具。
   A. 6个月 B. 1年
   C. 2年   D. 3年

5. [单选] 超短期融资券是指（　　）在银行间债券市场发行的，期限在270天以内的短期融资券。
   A. 非金融企业
   B. 国开行
   C. 央行
   D. 金融机构

▽ **考点**：证券投资的收益与风险

6. [单选]（　　）是指由某种全局性的共同因素引起的投资收益的可能变动。这些因素来自企业外部，是单一证券无法抗拒和回避的。
   A. 政策风险
   B. 系统性风险
   C. 非系统性风险
   D. 购买力风险

7. [多选] 商业银行证券投资业务的非系统性风险包括（　　）。

　　A. 信用风险　　　　　　　　　　B. 道德风险

　　C. 经营风险　　　　　　　　　　D. 利率风险

　　E. 财务风险

8. [单选] 下列关于证券投资风险与收益关系的说法中，错误的是（　　）。

　　A. 证券投资风险越大，产生投资损失的可能性就越大

　　B. 风险与收益共存，承担风险是获取收益的前提，收益是风险的报酬

　　C. 预期收益率＝无风险利率＋风险补偿

　　D. 证券投资风险越小，产生投资损失的可能性就越大

✎ 学习笔记

Day 35

考点：商业银行表外业务的概念

1. [单选] 不构成商业银行表内资产、表内负债，但有可能引起损益变动的业务的是商业银行的（　　）。
   A. 资产业务
   B. 负债业务
   C. 投资业务
   D. 表外业务

2. [多选] 我国通常将商业银行的业务划分为（　　）。
   A. 资产业务
   B. 投资业务
   C. 负债业务
   D. 表外业务
   E. 收益业务

考点：商业银行表外业务的种类

3. [单选] 商业银行的表外业务中，属于担保承诺类业务的是（　　）。
   A. 委托贷款
   B. 代理发行债券
   C. 保函
   D. 财务顾问

4. [单选] 根据《商业银行资本管理办法》，可随时无条件撤销的贷款承诺的信用转换系数为（　　）。
   A. 10%
   B. 20%
   C. 40%
   D. 50%

考点：商业银行表外业务的风险

5. [单选] 下列关于商业银行表外业务风险特征的描述，错误的是（　　）。
   A. 自由度较大
   B. 透明度高
   C. 风险分散
   D. 风险滞后

6. [单选] 商业银行开展表外业务应遵循的原则不包括（　　）。
   A. 管理全覆盖原则
   B. 分类管理原则
   C. 风险为本原则
   D. 收益优先原则

/ 学习笔记

本章学习检查表

知识点名称	初次学习		第一次复习		第二次复习	
	做对题目数/总题目数	学习日期	做对题目数/总题目数	复习日期	做对题目数/总题目数	复习日期
商业银行现金类资产的构成						
商业银行现金类资产的管理原则						
商业银行头寸匡算与预测						
贷款关系人及其权利义务						
贷款种类						
贷款程序						
贷款监管要求						
贷款风险及其控制						
商业银行证券投资的目标						
商业银行证券投资的工具						
证券投资的收益与风险						
商业银行表外业务的概念						
商业银行表外业务的种类						
商业银行表外业务的风险						

填写建议:

"做对题目数/总题目数"记录自己各知识点做题的情况,比如,某知识点总题目数10题,自己做对了其中7题,记录为7/10。

"学习日期"和"复习日期"记录自己学习和复习各知识点的日期。

备忘录

参考答案及解析

Day 32

1. B [解析] 商业银行的现金类资产是指商业银行持有的库存现金及现金等价物，是商业银行流动性最强的资产。

2. ACE [解析] 商业银行的现金类资产包括库存现金、在中央银行的存款准备金、存放同业款项、结算在途资金。

3. C [解析] 库存现金是指商业银行保存在业务款中的纸币和硬币。

4. C [解析] 超额存款准备金是指商业银行在中央银行存款超过法定存款准备金的部分，是商业银行用于日常支付和债务清算的资金。

5. C [解析] 法定存款准备金是商业银行按照法律规定，将吸收的存款按一定比例向中央银行缴存的存款准备金。

• 考点再现

Q_{2-5} 现金类资产的构成。

(1) 狭义的现金类资产：仅指银行库存现金。

(2) 广义的现金类资产：

①库存现金，包括纸币、硬币。来源于客户现金存入、从央行发行库中提取的现金。

②存款准备金，存放在央行的资金，包括：a. 法定存款准备金保证银行有足够资金应对存款人提取，避免流动性不足引发清偿力危机，导致银行破产；b. 超额存款准备金用于日常支付和债务清算。

③存放同业存款，商业银行存放在除央行外的代理行的存款；对于存出资金的银行来说，它属于现金类资产。

④结算在途资金，支付结算过程中形成的资金占用，是暂时处于结算在途中的资金。

6. C [解析] 商业银行现金类资产管理原则包括总量适度、适时调节、注重安全。

7. C [解析] 当现金资产太少时，客户的流动性需求得不到满足，会导致流动性风险增加，直接威胁商业银行经营的安全；而当现金资产太多时，商业银行承担的机会成本就会增加，从而影响商业银行的盈利情况。因此，将现金类资产存量控制在适度的规模上是商业银行现金资产管理的首要目标。

• 考点再现

Q_{6-7} 商业银行现金类资产的管理原则。

(1) 总量适度：①现金资产需维持在总量适度区域；②控制现金存量的适度规模；③合理安排现金资产的存量结构。

(2) 适时调节：①商业银行需实时关注流动性需要，根据流动性供给进行动态调节；②供大于需，将多余资金合理使用出去；供小于需，寻找资金来源渠道，满足流动性需要。

(3) 注重安全：注重库存现金的安全保卫工作。

8. D [解析] 基础头寸是指商业银行的库存现金和在中央银行的超额存款准备金。

9. A [解析] 基础头寸＝库存现金＋超额存款准备金，储户支取现金会导致商业银行基础头寸减少。

10. D [解析] 可贷头寸是指商业银行某一时点可直接用于贷款和投资的资金，是商业银行盈利性资产的主要来源。

11. D [解析] 可贷头寸＝可用头寸－最低超额备付金限额＝500＋100＋100－50＝650（万元）。

12. C [解析] 短期头寸匡算实际上是对基础头寸的匡算，由于中央银行对商业银行的库存现金核定限额，商业银行基础头寸匡算的重点就是对其超额存款准备金的匡算。

Day 33

1. ABE [解析] 贷款人具有的权利包括：①根据贷款条件和贷款程序自主审查和决定贷款，除国务院批准的特定贷款外，有权拒绝任何单位和个人强令其发放贷款或者提供担保；②有权要求借款人提供与其借款有关的资料，并根据其条件决定贷与不贷、贷款金额、期限和利率等；③了解借款人的生产经营活动和财务活动；④依合同约定从借款人账户上划收贷款本金和利息；⑤有权在借款人未履行借款合同规定的义务时，要求其提前归还贷款或停止支付尚未使用的贷款；⑥在贷款将受或已受损失时，可依据合同规定，采取使贷款免受损失的措施。

2. ABCE [解析] 借款人应按借款合同约定用途使用贷款，不得违规使用贷款资金。

3. C [解析] 担保人的义务是：当借款人不能履行还款义务或者不履行还款义务时，担保人依照担保合同的约定承担担保责任。

4. C [解析] 短期贷款是指贷款期限在1年以内（含1年）的贷款；中期贷款是指贷款期限在1年以上（不含1年）5年以下（含5年）的贷款；长期贷款是指贷款期限在5年以上（不含5年）的贷款。

5. D [解析] 在我国，担保贷款按照担保方式的不同，分为保证贷款、抵押贷款、质押贷款三种。

6. AB [解析] 按贷款的偿还方式不同进行分类，商业银行贷款可以分为一次性偿还贷款和分期偿还贷款两大类。

● 考点再现

Q_{5-6} 贷款的种类如表6-1所示。

表6-1 贷款的种类

分类方式	种类
贷款期限	短期贷款、中期贷款、长期贷款
贷款的保障条件	信用贷款、担保贷款（保证贷款、抵押贷款、质押贷款）
借款人性质	公司贷款、个人贷款
贷款偿还方式	一次性偿还贷款、分期偿还贷款
贷款利率变化方式	固定利率贷款和浮动利率贷款
贷款币种	人民币贷款和外币贷款
组织形式	双边贷款和银团贷款等

7. ABCE [解析] 贷款程序一般可以归纳为6个环节：贷款申请、贷款调查与信用评估、贷

款审批、签订借款合同、贷款执行与监督、贷款归还与贷后评估。

8. D [解析] 贷款人受理借款人申请后,应当对借款人的信用等级以及借款的合法性、安全性、盈利性等情况进行调查,并核实抵押物、质物、保证人情况,据此评估借款人信用状况并划分信用等级。

9. D [解析] 流动资金贷款期限原则上不超过3年。对于经营现金流回收周期较长的,可适当延长贷款期限,最长不超过5年。

10. B [解析] 关注类贷款为尽管借款人目前有能力偿还贷款本息,但存在一些可能对偿还产生不利影响的因素。

11. BCDE [解析] 商业银行贷款风险控制的方法包括风险回避、风险分散、风险转移和风险补偿等方式。

12. ABCD [解析] 商业银行对承担信用风险的金融资产进行风险分类时,应遵循的原则包括真实性原则、及时性原则、审慎性原则、独立性原则。

Day 34

1. B [解析] 商业银行证券投资的目标包括:①获取收益;②进行风险管理,提高资产安全性;③增强流动性。

2. D [解析] 商业银行通过证券投资获取收益的来源包括:①通过购买高利息的债券;②资本利得;③通过合理节税来增加收益。

3. ABCE [解析] 金融债券是银行等金融机构作为筹资主体,为筹措资金而发行的一种有价证券,具有专用性、集中性、流动性和收益性。

4. B [解析] 短期融资券是指企业依照规定的条件和程序在银行间债券市场发行和交易,并约定在1年内还本付息的有价证券。

5. A [解析] 超短期融资券是指具有法人资格、信用评级较高的非金融企业在银行间债券市场发行的,期限在270天以内的短期债务融资工具。

6. B [解析] 系统性风险是指由某种全局性的共同因素引起的投资收益的可能变动。这些因素来自企业外部,是单一证券无法抗拒和回避的。

7. ACE [解析] 商业银行证券投资业务的非系统性风险包括信用风险、经营风险、财务风险。利率风险属于系统性风险。

● 考点再现

Q_{6-7} 系统性风险与非系统性风险的对比如表6-2所示。

表6-2 系统性风险与非系统性风险的对比

项目	系统性风险	非系统性风险
含义	由全局性的共同因素引起,来自企业外部,单一证券无法抗拒和回避	存在于个别投资证券或特定类别证券的风险。此风险来源于个别证券本身的独立因素,与整个证券市场没有必然联系,可以通过多元化投资组合分散甚至消除
构成	政策风险、经济周期性波动风险、市场风险、购买力风险(通货膨胀风险)	信用风险(违约风险)、经营风险、财务风险

8. D［解析］风险越大，产生投资损失的可能性就越大，投资者要求证券发行人付给的收益也就越多。证券投资的收益与风险紧密联系，风险与收益共存，承担风险是获取收益的前提，收益是风险的报酬。收益与风险的联系可以表述为：预期收益率＝无风险利率＋风险补偿。证券风险越小，产生投资损失的可能性就越小，投资者要求的收益回报也就越少。

Day 35

1. D［解析］商业银行表外业务是指商业银行从事的，按照现行企业会计准则不计入资产负债表内，不形成现实资产负债，但有可能引起损益变动的业务。

2. ACD［解析］我国通常将商业银行的业务划分为资产业务、负债业务和表外业务。

3. C［解析］担保承诺类业务包括担保、承诺等按照约定承担偿付责任或提供信用服务的业务，保函属于担保类业务。委托贷款和代理发行债券属于代理投融资服务类业务，财务顾问属于中介服务类业务。

4. A［解析］根据《商业银行资本管理办法》，贷款承诺的信用转换系数为40%，其中可随时无条件撤销的贷款承诺的信用转换系数为10%。

5. B［解析］表外业务的透明度差，许多业务不能在财务报表上得到真实反映。

6. D［解析］根据《商业银行表外业务风险管理办法》，商业银行开展表外业务应当遵循管理全覆盖原则、分类管理原则、风险为本原则。

● 考点再现

Q_6 开展表外业务的原则：

（1）管理全覆盖原则。对表外业务实施全面统一管理，覆盖表外业务所包含的各类风险。

（2）分类管理原则。应当区分自营业务与代理业务，根据不同表外业务的性质和承担的风险种类，实行分类管理。

（3）风险为本原则。应当坚持风险为本、审慎经营、合规优先的理念，并按照实质重于形式的原则对业务进行管理。

本章强化测试

第七章　商业银行的会计与财务

> **学习指导**

本章所涉知识点主要为商业银行的会计与财务。高频考点包括商业银行会计核算的要素和基本方法、商业银行主要业务涉及的会计科目、主要支付结算方式、商业银行财务报表、商业银行的财务管理、财务指标的计算与分析。本章难点是商业银行会计核算要素和基本方法。

本章为重点章节之一，历年考查分值在19分左右。本章所涉及的概念较多，在学习中应注意区分判断。

日期	考点
Day36	➢会计核算的基本前提和信息质量要求
Day37	➢商业银行会计核算要素和基本方法 ➢商业银行主要业务涉及的会计科目
Day38	➢支付结算业务概述 ➢主要支付结算方式
Day39	➢财务报表概述 ➢财务报表列报的基本要求 ➢资产负债表 ➢利润表
Day40	➢商业银行财务管理概述 ➢商业银行财务管理主要职能 ➢商业银行的成本管理
Day41	➢盈利能力指标 ➢资产质量指标 ➢资产充足情况指标

▶▶▶ Day 36

▼ **考点**：会计核算的基本前提和信息质量要求

1. [单选]（　　）是指会计服务的特定单位，它规定了会计活动的空间范围。
   A. 持续经营　　　　　　　　　B. 货币计量
   C. 会计分期　　　　　　　　　D. 会计主体

2. [单选]（　　）假设是指企业或会计主体的生产经营活动将无限期地延续下去，也就是说，在可预见的未来，不考虑停业破产、清算的因素。

  A. 会计主体   B. 持续经营

  C. 会计分期   D. 货币计量

3. [单选] 商业银行将持续不断的生产经营活动分割为连续、相等的期间，据以结算盈亏，编制会计报表，从而及时地提供有关会计信息，这主要是基于会计核算的（   ）假设。

  A. 会计主体   B. 会计分期

  C. 持续经营   D. 货币计量

4. [单选] "要求企业采用的会计处理方法和程序前后各期必须一致，不得随意变更"，这体现的是金融企业会计核算一般原则中的（   ）原则。

  A. 客观性   B. 相关性

  C. 可比性   D. 重要性

5. [单选] 银行对发放的贷款计提比例较高的贷款风险准备金，体现了会计信息质量要求的（   ）原则。

  A. 重要性   B. 真实性

  C. 谨慎性   D. 收支配比

6. [单选] 企业对于已经发生的交易或者事项，应当及时进行会计确认、计量和报告，不得提前或延后，体现了会计信息质量要求的（   ）原则。

  A. 及时性   B. 实质重于形式

  C. 可比性   D. 可理解性

7. [单选] 不得多计资产或收益，体现了会计核算应遵循的（   ）原则。

  A. 可靠性   B. 及时性

  C. 谨慎性   D. 重要性

8. [多选] 下列选项中，属于会计信息质量要求的有（   ）。

  A. 可靠性   B. 连续性

  C. 可比性   D. 相关性

  E. 重要性

✏️ 学习笔记

Day 37

▽ **考点**：商业银行会计核算要素和基本方法

1. [单选]"由过去的交易、事项形成并由企业拥有或控制的资源，该资源预期会给企业带来未来经济利益"，这是指会计核算要素中的（   ）。

　　A. 资产

　　B. 所有者权益

　　C. 收入

　　D. 利润

2. [单选]根据资金性质及经济内容划分，商业银行会计科目包括资产类科目、负债类科目、所有者权益类科目和（   ）科目。

　　A. 损益类

　　B. 收入类

　　C. 成本类

　　D. 现金类

3. [单选]金融企业会计实务中的"清算资金往来"属于（   ）科目。

　　A. 资产类

　　B. 负债类

　　C. 损益类

　　D. 资产负债共同类

4. [单选]在金融企业会计实务中，现金收入凭证传递的要求是（   ）。

　　A. 先收款，后记账

　　B. 先记账，后收款

　　C. 先借后贷，他行票据，收妥抵用

　　D. 先内后外

5. [多选]基本凭证是根据业务需要和核算要求设置的共同适用的一般会计凭证，下列属于基本凭证的有（   ）。

　　A. 结算业务凭证

　　B. 进账单

　　C. 转账借方传票

　　D. 现金收入传票

　　E. 现金付出传票

6. [单选]（   ）的金额为资产减去负债后的余额。

　　A. 费用　　　　　　　　　　　　B. 净利润

　　C. 利润　　　　　　　　　　　　D. 所有者权益

▽ **考点**：商业银行主要业务涉及的会计科目

7. [单选]金融机构往来业务会计处理中，以下不属于负债类科目的是（   ）。

　　A. 向中央银行借款

B. 同业存放款项

C. 拆入资金

D. 存放同业款项

8. [多选] 关于商业银行存款业务的会计科目设置,下列说法正确的有（   ）。

    A. 单位存款业务需设置"单位活期存款"和"单位定期存款"两个负债类科目

    B. "单位活期存款"和"单位定期存款"均应按存款单位及存款种类设置明细账

    C. "活期储蓄存款"科目应按居民个人设置明细账进行明细核算

    D. "定期储蓄存款"科目按居民个人及定期种类设置明细账

    E. 储蓄存款科目无需使用"开销户登记簿"进行管理

9. [单选] 目前,我国商业银行会计实务中一般采用（   ）计算利息收入。

    A. 浮动利率

    B. 实际利率

    C. 合同利率

    D. 名义利率

✎ 学习笔记

Day 38

▼ 考点：支付结算业务概述

1. ［多选］银行和客户都应遵守的支付结算原则有（　　）。

    A. 收支两条线

    B. 权责发生制

    C. 恪守信用，履约付款

    D. 银行不垫款

    E. 谁的钱进谁的账，并由谁支配

2. ［单选］按照规定，单位在商业银行开立的一般存款账户（　　）。

    A. 不能转账

    B. 不能取现

    C. 可以取现，也可以转账

    D. 不能转账，但可以取现

3. ［单选］我国旨在为各银行和广大企业单位以及金融市场提供快速、高效、安全、可靠的支付清算服务的支持系统是（　　）。

    A. 大额支付系统

    B. 小额支付系统

    C. 委托收款结算系统

    D. 托收承付结算系统

4. ［单选］按照规定，单位在商业银行开立的一般存款账户（　　）。

    A. 不能转账

    B. 不能取现

    C. 可以取现不能转账

    D. 可以取现可以转账

5. ［单选］管理和使用基本建设资金、更新改造资金、财政预算外资金和社会保障基金等资金，存款人可以申请开立（　　）。

    A. 基本存款账户

    B. 一般存款账户

    C. 临时存款账户

    D. 专用存款账户

▼ 考点：主要支付结算方式

6. ［单选］由银行签发的、承诺自己在见票时无条件支付确定的金额给收款人或者持票人的票据是（　　）。

    A. 银行汇票

    B. 银行承兑汇票

    C. 银行本票

D. 支票

7. ［单选］国内汇兑结算的适用对象为（   ）。

   A. 必须为企业

   B. 必须为未经批准的企业

   C. 单位和个人均可

   D. 必须为个人

8. ［单选］下列关于银行汇票的说法，正确的是（   ）。

   A. 银行汇票必须限定最低金额

   B. 银行汇票只能用于转账，不能支取现金

   C. 银行汇票的出票银行即为付款人

   D. 任何银行机构都可以办理银行汇票业务

9. ［单选］下列企业中，不符合使用托收承付结算方式条件的是（   ）。

   A. 国有企业

   B. 供销合作社

   C. 私营企业

   D. 经营管理较好且经银行审查同意的城乡集体所有制工业企业

学习笔记

Day 39

▽ **考点**：财务报表概述

1. [单选] 企业对外提供的财务报表反映了（　　）。
   A. 某一特定日期财务状况，和某一期间经营成果、现金流量
   B. 某一特定日期经营成果，和某一期间财务状况、现金流量
   C. 某一特定日期现金流量，和某一期间财务状况、经营成果
   D. 某一特定日期经营成果、财务状况、现金流量

2. [单选] 关于财务报表的说法，错误的是（　　）。
   A. 按财务报表编报期间的不同，财务报表可以分为中期财务报表和年度财务报表
   B. 按财务报表编报主体的不同，财务报表可以分为个别财务报表和合并财务报表
   C. 财务报表至少应当包括资产负债表、利润表、现金流量表、所有者权益变动表和附注
   D. 中期财务报表是以短于一个完整会计年度的报告期间为基础编制的财务报表，包括日报、月报、和半年报

▽ **考点**：财务报表列报的基本要求

3. [单选] 财务报表列报的基础是（　　）。
   A. 持续经营
   B. 权责发生制
   C. 列报的一致性
   D. 财务报表项目金额间的相互抵销

4. [单选] 关于财务报表列报的基本要求，下列说法错误的是（　　）。
   A. 企业可以用附注披露来代替对交易和事项的确认和计量
   B. 财务报表项目的列报应当在各个会计期间保持一致
   C. 企业应当以人民币作为记账本位币列报
   D. 除现金流量表外，其他财务报表应按权责发生制原则编制

5. [单选] 关于财务报表表首列报要求，下列说法错误的是（　　）。
   A. 必须披露编报企业的名称
   B. 利润表必须披露资产负债表日
   C. 应当标明货币名称和单位
   D. 合并财务报表应当予以标明

▽ **考点**：资产负债表

6. [单选] 关于商业银行资产负债表的结构，下列说法正确的是（　　）。
   A. 资产按照重要性排列
   B. 负债按照偿还期长短排列
   C. 股东权益按照流动性排列
   D. 我国资产负债表采用多步式结构

7. ［多选］商业银行资产负债表能够为使用者提供的信息包括（   ）。

   A. 商业银行的资金实力

   B. 商业银行的清偿能力

   C. 商业银行的经营业绩

   D. 商业银行的财务状况

   E. 商业银行的发展趋势

▽ **考点**：利润表

8. ［单选］关于利润表的结构的说法，错误的是（   ）。

   A. 每股收益包括基本每股收益和稀释每股收益两项指标

   B. 综合收益总额即净利润加上其他综合收益税后净额

   C. 净利润即利润总额减去所得税费用和利息

   D. 营业支出由税金及附加、业务及管理费、资产减值损失和其他业务成本组成

9. ［单选］商业银行利润表主要反映的内容不包括（   ）。

   A. 经营实力

   B. 营业收入

   C. 营业支出

   D. 营业利润

✎ **学习笔记**

Day 40

考点：商业银行财务管理概述

1. [单选] 下列事项中，不属于商业银行财务管理主要内容的是（　　）。
   A. 利润管理
   B. 筹资管理
   C. 人员管理
   D. 投资管理

2. [多选] 商业银行广义的成本管理包括（　　）。
   A. 资金成本
   B. 营业成本
   C. 风险成本
   D. 资本成本
   E. 管理成本

3. [单选] 商业银行投资管理的内容不包括（　　）。
   A. 现金类资产
   B. 各类贷款
   C. 金融证券投资
   D. 同业业务

考点：商业银行财务管理主要职能

4. [单选] 下列不属于商业银行财务管理主要职能的是（　　）。
   A. 财务报告职能
   B. 财务监控职能
   C. 价值创造职能
   D. 信用创造职能

5. [单选] 财务部门分析各种各样的信息，并为"事前"的决策提供必要的支持，这体现商业银行财务管理的（　　）。
   A. 财务报告职能
   B. 财务监控职能
   C. 价值创造职能
   D. 信用创造职能

考点：商业银行的成本管理

6. [单选] 下列不属于商业银行的成本特征的是（　　）。
   A. 成本计量的是经济资源的耗费
   B. 成本能以货币的形式计量
   C. 成本与特定对象相关
   D. 成本不需要实际支付货币

7. [单选] 下列不属于成本指标的是（　　）。

　　A. 成本费用总额

　　B. 成本收入比

　　C. 标准成本

　　D. 人均成本费用额

8. [单选] 下列各项中，属于商业银行固定成本的是（　　）。

　　A. 存款利息支出

　　B. 贷款手续费支出

　　C. 折旧费

　　D. 员工绩效奖金

学习笔记

Day 41

考点：盈利能力指标

1. [单选] 某银行上半年营业收入为7 300万元，其中，金融机构往来利息收入为270万元；营业支出为5 900万元，其中，业务管理费为1 100万元。该银行上半年度的成本收入比为（　　）。
   A. 13.5%
   B. 14.10%
   C. 15.07%
   D. 15.63%

2. [单选] 下列财务指标中，不能反映商业银行盈利能力的是（　　）。
   A. 总权益对总资产比率
   B. 总资产收益率
   C. 成本收入比
   D. 营业收入增长率

3. [单选] 总资产收益率是（　　）之比。
   A. 净资产与利润总额
   B. 利润总额与净资产
   C. 净利润与资产平均余额
   D. 利润总额与资产平均总额

考点：资产质量指标

4. [单选] 下列财务指标中，不能反映商业银行资产质量的是（　　）。
   A. 不良贷款率
   B. 拨备覆盖率
   C. 贷款拨备率
   D. 净资产收益率

5. [单选] 不良贷款率是商业银行（　　）之比，是评价商业银行信贷资产安全状况的重要指标之一。
   A. 损失类贷款与各类贷款余额
   B. 不良贷款与各类贷款余额
   C. 次级类贷款与各类贷款余额
   D. 可疑类贷款与各类贷款余额

6. [单选] 拨备覆盖率是商业银行的（　　）之比。
   A. 贷款损失准备与不良贷款余额
   B. 贷款损失准备与贷款余额
   C. 一级资本与调整后表内外资产余额
   D. 核心资本与贷款余额

考点：资本充足情况指标

7. [多选] 反映商业银行资本充足情况的指标有（　　）。
   A. 资本充足率
   B. 杠杆率
   C. 不良贷款率
   D. 总权益对总资产比率

E. 拨备覆盖率

8. [单选] 资本充足率是衡量商业银行经营（　　）的指标。
   A. 流动性　　　　　　　　　　　　B. 安全性
   C. 盈利性　　　　　　　　　　　　D. 持续性

✏️ 学习笔记

本章学习检查表

知识点名称	初次学习		第一次复习		第二次复习	
	做对题目数/总题目数	学习日期	做对题目数/总题目数	复习日期	做对题目数/总题目数	复习日期
会计核算的基本前提和信息质量要求						
商业银行会计核算要素和基本方法						
商业银行主要业务涉及的会计科目						
支付结算业务概述						
主要支付结算方式						
财务报表概述						
财务报表列报的基本要求						
资产负债表						
利润表						
商业银行财务管理概述						
商业银行财务管理主要职能						
商业银行的成本管理						
盈利能力指标						
资产质量指标						
资产充足情况指标						

填写建议：

"做对题目数/总题目数"记录自己各知识点做题的情况，比如，某知识点总题目数10题，自己做对了其中7题，记录为7/10。

"学习日期"和"复习日期"记录自己学习和复习各知识点的日期。

备忘录

参考答案及解析

Day 36

1. D [解析] 会计主体假设中的会计主体是指会计服务的特定单位,它规定了会计活动的空间范围。

2. B [解析] 持续经营假设是指企业或会计主体的生产经营活动将无限期地延续下去,也就是说,在可预见的未来,不考虑停业破产、清算的因素。

3. B [解析] 会计分期假设是指企业将持续不断的生产经营活动分割为连续、相等的会计期间,据以结算盈亏,编制会计报表,从而及时地提供有关财务状况、经营成果的会计信息。

4. C [解析] 会计信息质量要求中的可比性原则要求企业采用的会计处理方法和程序前后各期必须一致,不得随意变更。

5. C [解析] 会计信息质量要求中的谨慎性原则是指企业对交易或者事项进行会计确认、计量、报告时,应当保持应有的谨慎,不应高估资产或收益、低估负债或费用。银行对发放的贷款计提贷款风险准备金,体现了会计信息质量要求的谨慎性原则。

6. A [解析] 会计信息质量要求中的及时性原则是指企业对于已经发生的交易或者事项,应当及时进行会计确认、计量和报告,不得提前或者延后。

• 考点再现

Q_{4-6} 会计信息质量要求。

(1) 可靠性:企业应当以实际发生的交易或者事项为依据进行会计确认、计量和报告,如实反映符合确认和计量要求的各项会计要素及其他相关信息,保证会计信息做到真实可靠、内容完整。

(2) 相关性:企业提供的会计信息应当与财务会计报告使用者的经济决策需要相关,有助于财务会计报告使用者对企业过去、现在或者未来的情况作出评价或者预测。

(3) 可理解性:企业提供的会计信息应当清晰明了,便于财务会计报告使用者理解和使用。

(4) 可比性:同一企业在不同时期发生的相同或者相似的交易或者事项,应当采用一致的会计政策,不得随意变更,确需变更的,应当在附注中说明。不同企业发生的相同或者相似的交易或者事项,应当采用规定的会计政策,确保会计信息口径一致、相互可比。

(5) 实质重于形式:企业应当按照交易或者事项的经济实质进行会计确认、计量和报告,而不应仅以它的法律形式为会计核算的依据。

(6) 重要性:对于影响经营政策的重要经济业务应当分别核算,单独反映,并在会计报告中做重点说明。

(7) 谨慎性:企业对交易或者事项进行会计确认、计量和报告时,应当保持应有的谨慎,不应高估资产或收益,低估负债或费用。

(8) 及时性:企业对于已经发生的交易或者事项,应当及时进行会计确认、计量和报告,不得提前或者延后。

7. C [解析] 谨慎性原则：企业对交易或者事项进行会计确认、计量和报告应当保持应有的谨慎，不应高估资产或收益、低估负债或费用。

8. ACDE [解析] 会计信息质量要求包括可靠性、相关性、可理解性、可比性、实质重于形式、重要性、谨慎性和及时性。

Day 37

1. A [解析] 资产是指过去的交易、事项形成的，并由企业拥有或控制的、预期会给企业带来未来经济利益的资源。

2. A [解析] 银行会计科目按照资金性质及经济内容，分为资产类、负债类、所有者权益类和损益类。

3. D [解析] 金融企业会计实务中的"清算资金往来"属于资产负债共同类科目。

4. A [解析] 在金融企业会计实务中，按照"先收款，后记账"的要求传递现金收入凭证。

5. CDE [解析] 基本凭证是根据业务需要和核算要求设置的共同适用的一般会计凭证，按其性质分为以下几种：①现金收入传票；②现金付出传票；③转账借方传票；④转账贷方传票；⑤特种转账借方传票；⑥特种转账贷方传票；⑦货币兑换借方传票；⑧货币兑换贷方传票；⑨表外科目（借方）付出传票；⑩表外科目（贷方）收入传票。C、D、E三项正确。特定凭证是银行为了业务经营与管理的需要，根据某项业务的特殊要求而设计和印制的不同格式的专用凭证，A、B两项均属于特定凭证。

6. D [解析] 所有者权益是指所有者在企业资产中享有的权益，其金额为资产扣除负债后的余额，包括实收资本、资本公积、盈余公积和未分配利润。商业银行的所有者权益还包括按一定比例从税后利润中计提的一般风险准备金。

7. D [解析] 金融机构往来业务通常设有"存放中央银行款项""存放同业款项""拆出资金"三个资产类科目和"向中央银行借款""同业存放款项""拆入资金""贴现负债"四个负债类科目，以及资产负债共同类的"清算资金往来"科目，核算与中国人民银行、其他商业银行及金融机构之间的日常结算往来、再贴现和资金拆借业务。"存放同业款项"属于资产类科目。

8. ABCD [解析] "活期储蓄存款"科目应按居民个人设置明细账进行明细核算，"定期储蓄存款"科目则按居民个人及定期种类设置明细账进行明细核算，并均应使用"开销户登记簿"进行开销户管理，E项说法错误。

9. C [解析] 目前，我国商业银行会计实务中一般采用合同利率计算利息收入，合同利率与实际利率差异较小，或不考虑合同利率与实际利率的差异。

Day 38

1. CDE [解析] 支付结算的三条基本原则包括：①恪守信用，履约付款；②谁的钱进谁的账，并由谁支配；③银行不垫款。

2. B [解析] 一般存款账户不能取现，但能转账。

3. A [解析] 大额支付系统采取逐笔实时的方式处理支付业务，全额清算资金。建设大额支付系统的目的是为各银行和广大企业单位以及金融市场提供快捷、高效、安全、可靠的支付清算服务，防范支付风险。它对中央银行更加灵活、有效地实施货币政策和实施货币市场交易的及时清算具有重要作用。

4. B [解析] 一般存款账户是存款人因借款或其他结算需要,在基本存款账户开户行以外的银行营业机构开立的结算账户。该账户用于办理存款人借款转存、借款归还和其他结算的资金收付,还可以办理现金缴存,但不得办理现金支取。

5. D [解析] 存款人可以申请开立专用存款账户,用于基本建设资金、更新改造资金、财政预算外资金、证券交易结算资金、信托基金、住房基金及社会保障基金等资金的管理和使用。

6. C [解析] 银行本票是银行签发的、承诺自己在见票时无条件支付确定的金额给收款人或者持票人的票据。

7. C [解析] 单位和个人的各种款项的结算,均可使用汇兑结算方式。汇兑结算不受金额起点限制。

8. C [解析] 银行汇票不受金额起点限制,A 项错误。银行汇票可以用于转账,填明"现金"字样的银行汇票也可以用于支取现金,B 项错误。银行汇票的出票和付款,限于参加"全国联行往来"的银行机构办理,D 项错误。

9. C [解析] 使用托收承付结算方式的收款单位和付款单位,必须是国有企业、供销合作社,以及经营管理较好且经开户银行审查同意的城乡集体所有制工业企业。

● 考点再现

Q6-9 主要支付结算方式汇总如表 7-1 所示。

表 7-1 主要支付结算方式汇总

支付结算方式	概念	适用对象
支票结算	支票是出票人签发的,委托办理支票存款业务的银行或者其他金融机构在见票时无条件支付确定的金额给收款人或者持票人的票据	单位和个人
银行本票结算	银行本票是银行签发的、承诺自己在见票时无条件支付确定的金额给收款人或者持票人的票据	同一票据交换区域的单位和个人
银行汇票结算	银行汇票是出票银行签发的、由其在见票时按照实际结算金额无条件支付给收款人或者持票人的票据	单位和个人
商业汇票结算	商业汇票是出票人签发的、委托付款人在指定日期无条件支付确定的金额给收款人或者持票人的票据	在银行开立存款账户的法人以及其他组织
国内汇兑结算	国内汇兑是汇款人委托银行将款项支付给异地收款人的结算方式,分为电汇和信汇两种。目前,各家商业银行主要使用电汇方式	单位和个人
托收承付结算	托收承付是根据购销合同由收款人发货后委托银行向异地付款人收取款项,由付款人向银行承认付款的结算方式。托收承付结算款项的划回方式分邮寄和电报两种,由收款人选用	收款单位和付款单位,必须是国有企业、供销合作社,以及经营管理较好且经开户银行审查同意的城乡集体所有制工业企业

支付结算方式	概念	适用对象
国内委托收款结算	国内委托收款是收款人委托银行向付款人收取款项的结算方式。委托收款结算款项的划回方式分邮寄和电报两种，由收款人选择	单位和个人

Day 39

1. A ［解析］财务报表是对企业财务状况、经营成果和现金流量的结构性表述。其中，资产负债表反映某一特定日期的财务状况，利润表反映在一定期间内所取得的一切经营成果，现金流量表综合反映在一定时期内现金流入和流出的情况。

2. D ［解析］中期财务报表是以短于一个完整会计年度的报告期间为基础编制的财务报表，包括月报、季报和半年报。

3. A ［解析］持续经营是会计的基本前提，也是会计确认、计量及编制财务报表的基础。

4. A ［解析］企业不应以在附注中披露代替对交易和事项的确认和计量，A项说法错误。

5. B ［解析］对资产负债表而言，须披露资产负债表日；而对利润表、现金流量表、所有者权益变动表而言，须披露报表涵盖的会计期间。B项说法错误。

6. B ［解析］在我国，资产负债表采用账户式结构。一般说来，在资产负债表上，资产按其流动性高低顺序排列；负债按其偿还期的长短排列，先流动性负债，后长期负债；股东权益则按其永久性递减的顺序排列，即先实收资本，后资本公积、盈余公积、未分配利润等。B项说法正确。

7. ABDE ［解析］商业银行资产负债表为使用者提供了该商业银行资金实力、清偿能力等财务信息，为其判断该商业银行财务状况的好坏及其发展趋势提供了预测和决策的依据。

8. C ［解析］净利润即利润总额减去所得税费用，C项说法错误。

9. A ［解析］商业银行利润表主要反映以下八个方面的内容：营业收入、营业支出、营业利润、利润总额、净利润、其他综合收益、综合收益总额、每股收益。

Day 40

1. C ［解析］商业银行财务管理主要包括筹资管理、投资管理、成本管理、利润管理，以及财务计划、评价与分析。

2. ABCD ［解析］商业银行的成本管理包括广义和狭义两种。广义的成本管理包括资金成本（利润表中的利息支出）、营业成本（利润表中的业务及管理费、税金及附加）、风险成本（利润表中的资产减值损失）和资本成本的管理；狭义的成本管理是指业务及管理费用的管理。

3. D ［解析］投资管理主要包括以下内容：①现金类资产；②各类贷款；③金融证券投资；④商业银行购置的固定资产、无形资产等。

4. D ［解析］商业银行财务管理主要职能包括财务报告职能、财务监控职能、价值创造职能。

5. C ［解析］价值创造职能，财务部门要能分析各种各样的信息，并为"事前"的决策提供必要的支持。

6. D〔解析〕成本通常需要实际支付货币，D项说法错误。

7. C〔解析〕常见的成本指标有成本费用总额、成本收入比、人均成本费用额等。

8. C〔解析〕固定成本是指在相关范围内成本总额不随业务量的变动而变动的成本，如折旧费、广告费、财产保险费、租赁费和职工培训费等。

Day 41

1. C〔解析〕成本收入比是商业银行的业务及管理费与营业收入之比。成本收入比＝业务及管理费÷营业收入×100%，则本题中，成本收入比＝1 100÷7 300×100%≈15.07%。

2. A〔解析〕反映商业银行盈利能力的指标主要包括净利息收益率、成本收入比、信贷成本、净资产收益率、总资产收益率、营业收入增长率、净利润增长率等。

3. C〔解析〕总资产收益率＝净利润÷资产平均余额×100%。

4. D〔解析〕反映商业银行资产质量的指标包括不良贷款率、拨备覆盖率和贷款拨备率。

5. B〔解析〕不良贷款率是商业银行不良贷款与各类贷款余额之比，是评价商业银行信贷资产安全状况的重要指标之一。不良贷款率高，说明商业银行收回贷款的风险大；不良贷款率低，说明商业银行收回贷款的风险小。

6. A〔解析〕拨备覆盖率是商业银行计提的贷款损失准备与不良贷款余额之比。该比率是衡量商业银行贷款损失准备计提是否充足的一个重要指标，已被金融监管当局用作衡量商业银行弥补不良贷款损失能力的一个硬指标。

7. AD〔解析〕反映商业银行资本充足情况的指标主要包括资本充足率和总权益对总资产比率。

8. B〔解析〕资本充足率是衡量商业银行经营安全性的指标。各国金融管理当局一般都对商业银行资本充足率有严格的要求，目的是监测银行抵御风险的能力。

> ● 考点再现
>
> $Q_{4\text{-}8}$ 重要公式。
> (1) 不良贷款率＝(次级类贷款＋可疑类贷款＋损失类贷款)÷贷款总额×100%。
> (2) 拨备覆盖率＝贷款损失准备÷(次级类贷款＋可疑类贷款＋损失类贷款)×100%。
> (3) 贷款拨备率＝贷款损失准备÷贷款总额×100%。
> (4) 资本充足率＝资本净额÷风险加权资产×100%。
> (5) 总权益对总资产比率＝股东权益÷资产总额×100%。

第八章 金融风险与金融监管

学习指导

本章所涉知识点主要为金融风险与金融监管。高频考点包括金融风险的分类、商业银行信用风险管理、商业银行市场风险管理、商业银行操作风险管理、商业银行流动性风险管理、金融监管的目标与原则、国际主要金融监管体制。本章难点是各类风险管理指标。

考生除了需要掌握本章理论知识，还要提升计算能力。本章历年考查分值在 11 分左右。考生学习本章内容时在理解理论知识的同时，还需要对计算熟练掌握。

日期	考点
Day42	➢ 金融风险的概念 ➢ 金融风险的分类 ➢ 金融风险的来源
Day43	➢ 金融风险管理的作用 ➢ 金融风险管理的流程
Day44	➢ 商业银行全面风险管理 ➢ 商业银行信用风险管理 ➢ 商业银行市场风险管理
Day45	➢ 商业银行操作风险管理 ➢ 商业银行流动性风险管理
Day46	➢ 金融监管的概念 ➢ 金融监管的目标与原则
Day47	➢ 金融监管的主要内容 ➢ 国际主要金融监管体制 ➢ 国际金融监管的最新发展
Day48	➢ 我国的金融监管体制 ➢ 我国的金融监管理念 ➢ 我国的金融监管机构

Day 42

▽ 考点：金融风险的概念

1. ［单选］风险的要素有机构成不包括（　　）。
   A. 风险因素
   B. 风险事故
   C. 风险大小
   D. 损失的可能性

2. ［单选］下列不属于金融风险特征的是（　　）。
   A. 不可控性
   B. 可测性
   C. 不确定性
   D. 相关性

3. ［单选］金融风险的（　　）是指能够根据对历史或者相关资料的分析和对主要风险指标的计算结果而对风险程度做出综合判断。
   A. 可测性
   B. 可控性
   C. 不确定性
   D. 相关性

4. ［单选］通过科学的决策和严格的管理措施，可以大大降低金融风险发生的概率，直至完全控制或者化解，这是指金融风险的（　　）。
   A. 不确定性
   B. 可测性
   C. 可控性
   D. 相关性

5. ［多选］下列关于金融风险的说法中，正确的有（　　）。
   A. 金融风险有狭义和广义两种理解
   B. 金融风险所产生的损失难以完全预计
   C. 金融风险不可测度
   D. 金融风险具有一定的可控性
   E. 金融风险与经营者的行为和决策相关

▽ 考点：金融风险的分类

6. ［单选］商业银行的表内和表外头寸由于市场价格变动遭受损失的风险属于（　　）。
   A. 信用风险
   B. 利率风险
   C. 市场风险
   D. 流动性风险

7. ［单选］银行无法以合理的成本迅速增加负债或变现资产获得足够的资金，从而影响其盈利水平，这种风险是（　　）。
   A. 信用风险
   B. 利率风险
   C. 流动性风险
   D. 市场风险

8. ［单选］金融机构交易员越权开展业务导致的金融风险属于（　　）。
   A. 操作风险
   B. 流动性风险
   C. 利率风险
   D. 信用风险

9. ［单选］某商业银行发生重大金融犯罪案件，形象严重受损，所引发的风险属于（　　）。
   A. 市场风险
   B. 流动性风险
   C. 声誉风险
   D. 信用风险

▽ **考点**：金融风险的来源

10. ［多选］金融风险来源总体上可分为外部因素和内部因素，其中，外部因素包括（　　）。

    A. 地缘政治风险

    B. 宏观经济波动

    C. 决策的科学性和前瞻性不强

    D. 没有按照风险管理原则审慎经营

    E. 突发事件冲击

11. ［多选］金融风险来源的内部因素包括（　　）。

    A. 风险管理和内控体系不完善

    B. 决策的科学性和前瞻性不强

    C. 过度冒险与激励机制不合理

    D. 突发事件冲击

    E. 监管的有效性不足

✎ 学习笔记

Day 43

▽ **考点**：金融风险管理的作用

1. ［多选］金融风险管理的作用包括（　　）。
   A. 减少损失
   B. 规避风险
   C. 保障经营目标的实现
   D. 有利于资源的优化配置
   E. 促进经济的稳定发展

▽ **考点**：金融风险管理的流程

2. ［多选］金融风险识别包括（　　）。
   A. 感知风险
   B. 分析风险
   C. 控制风险
   D. 检测风险
   E. 评估风险

3. ［单选］根据金融风险管理过程中各项任务的基本性质，可将整个金融风险管理的程序分为4个阶段，其最后一阶段是（　　）。
   A. 风险识别
   B. 风险控制/缓释
   C. 风险监测/报告
   D. 风险计量

4. ［单选］关于金融机构的风险报告，下列说法正确的是（　　）。
   A. 仅向监管部门报告
   B. 贯穿整个风险管理流程和各个层面
   C. 仅在风险发生时才需要报告
   D. 只需要向董事会、高级管理层报告

5. ［单选］（　　）是一个动态、连续的过程，风险管理人员需对风险密切关注并适时采取恰当的控制措施，确保其在设定的目标范围以内。
   A. 风险评估
   B. 风险计量
   C. 风险监测
   D. 风险报告

6. ［单选］下列关于风险缓释的说法，正确的是（　　）。
   A. 风险缓释工具不能起到实质性地减少风险的作用
   B. 抵押和质押担保是典型的风险缓释措施
   C. 风险缓释仅适用于信用风险
   D. 风险缓释必须消除所有风险影响

7. ［多选］关于风险计量的说法，正确的有（   ）。

   A. 风险计量是对各种风险进行定量分析
   B. 风险计量是计算损失发生的概率
   C. 风险计量有助于分析和评估风险发生的可能性
   D. 风险计量有助于分析和评估风险将导致的后果及严重程度
   E. 风险计量可以消除风险

✎ 学习笔记

Day 44

▽ **考点**：商业银行全面风险管理

1. ［多选］商业银行全面风险管理的原则包括（　　）。
   A. 匹配性原则
   B. 全覆盖原则
   C. 独立性原则
   D. 有效性原则
   E. 效益性原则

▽ **考点**：商业银行信用风险管理

2. ［单选］我国《商业银行贷款损失准备管理办法》规定，贷款拨备率等于（　　）之比。
   A. 贷款损失准备与各项贷款余额
   B. 贷款损失准备与不良贷款余额
   C. 各项贷款余额与贷款损失准备
   D. 不良贷款余额与贷款损失准备

3. ［单选］商业银行应对贷款损失的第一道防线是（　　）。
   A. 核心资本
   B. 存款准备金
   C. 主动负债
   D. 贷款损失准备

4. ［单选］商业银行不良贷款管理要遵循的经济原则是（　　）。
   A. 尽可能降低不良贷款处置成本
   B. 建立相互监督的不良贷款管理体制
   C. 规范不良贷款识别、评估和处置等各个环节的业务操作
   D. 保持各类管理标准和办法的相对稳定性

5. ［单选］商业银行全部贷款余额500亿元，其中不良贷款50亿元。贷款损失准备金60亿元。则该银行的拨备覆盖率为（　　）。
   A. 150%　　　　　　　　　　B. 120%
   C. 12%　　　　　　　　　　D. 1.2%

6. ［单选］下列关于信用风险主要特点的说法中，错误的是（　　）。
   A. 道德风险是形成信用风险的重要因素
   B. 具有明显的系统性风险特征
   C. 信用风险损失分布是不对称的
   D. 组合信用风险的测定有一定的难度

▽ **考点**：商业银行市场风险管理

7. ［单选］下列关于市场风险的说法中，错误的是（　　）。
   A. 具有明显的系统性风险特征

B. 数据不易获得
C. 适于采用量化技术加以分析与控制
D. 累计外汇敞口头寸比例不应高于20%

8. [多选] 下列属于市场风险衡量指标的有（　　）。
   A. 单一集团客户授信集中度　　B. 累计外汇敞口头寸比例
   C. 利率风险敏感度　　D. 全部关联度
   E. 不良资产率

9. [单选] 商业银行累计外汇敞口头寸比例一般不应高于（　　）。
   A. 10%　　B. 20%
   C. 30%　　D. 40%

10. [多选] 商业银行市场风险的管理措施包括（　　）。
    A. 董事会和高级管理层监控的有效性
    B. 保持适当的授信管理、计量和监测程序
    C. 市场风险管理政策和程序的完善性
    D. 内部控制和外部审计的完善性
    E. 适当的市场风险资本分配机制

学习笔记

Day 45

▼ **考点**：商业银行操作风险管理

1. [单选] 下列有关商业银行操作风险的说法，不正确的是（　　）。
   A. 风险主要源于银行业务操作
   B. 大多是银行可控范围内的内生风险
   C. 风险与收益的一一对应关系
   D. 欺诈风险属于操作风险

2. [多选] 商业银行操作风险的主要特点有（　　）。
   A. 内生性
   B. 风险与收益非对称性
   C. 风险来源多样化
   D. 难以量化
   E. 风险集中

3. [多选] 按照风险发生的频率和损失大小，巴塞尔银行监管委员会将操作风险分为（　　）。
   A. 内部欺诈
   B. 经营中断和系统错误
   C. 外部欺诈
   D. 道德风险
   E. 实务资产的损坏

4. [单选] 下列不属于银行操作风险管理的三道防线的是（　　）。
   A. 业务条线管理
   B. 市场约束
   C. 独立的法人操作风险管理部门
   D. 独立的评估与审查

▼ **考点**：商业银行流动性风险管理

5. [单选] 通常被视为多维风险的是（　　）。
   A. 信用风险
   B. 市场风险
   C. 流动性风险
   D. 国家风险

6. [多选] 衡量商业银行流动性状况的指标称为流动性风险指标，包括（　　）。
   A. 流动性比例
   B. 速动性比例
   C. 净稳定资金比例
   D. 非核心负债比例
   E. 优质流动性资产充足率

7. [单选] 在商业银行流动性风险管理中，流动性覆盖率为优质流动性资产储备与未来（　　）天现金净流出量之比。
   A. 10
   B. 30
   C. 90
   D. 180

8. ［单选］我国流动性比例应大于或等于（　　）。

    A. 8％
    B. 25％
    C. 60％
    D. 75％

学习笔记

Day 46

▶ 考点：金融监管的概念

1. ［单选］狭义的金融监管是指（　　）。
   A. 行业自律性监管　　　　　　　　B. 金融监管当局监管
   C. 社会中介组织监管　　　　　　　D. 银行内部管理

2. ［多选］金融监管工具的主要类型包括（　　）。
   A. 法律工具　　　　　　　　　　　B. 政策工具
   C. 行政手段　　　　　　　　　　　D. 技术工具
   E. 舆论工具

3. ［单选］政府进行金融监管的理论依据的核心是假定（　　）。
   A. 政府失灵　　　　　　　　　　　B. 市场竞争
   C. 金融市场失灵　　　　　　　　　D. 混业经营

4. ［单选］下列不属于市场失灵诱因的是（　　）。
   A. 金融市场的垄断与过度竞争
   B. 金融体系的高风险与强外部性
   C. 金融领域的信息不对称与投资者保护
   D. 金融风险的多样性

▶ 考点：金融监管的目标与原则

5. ［多选］金融监管的目标包括（　　）。
   A. 安全性目标　　　　　　　　　　B. 相对性目标
   C. 效率性目标　　　　　　　　　　D. 结构性目标
   E. 公平性目标

6. ［单选］金融监管的首要目标是（　　）目标。
   A. 安全性　　　　　　　　　　　　B. 盈利性
   C. 效率性　　　　　　　　　　　　D. 公平性

7. ［单选］"通过实施金融监管既要避免金融业高度垄断，又要防止出现过度竞争"体现的是金融监管的（　　）。
   A. 依法监管原则　　　　　　　　　B. 合理、适度竞争原则
   C. 综合性原则　　　　　　　　　　D. 社会经济效益原则

✎ 学习笔记

Day 47

▼ **考点**：金融监管的主要内容

1. ［单选］现代商业银行市场准入的通行制度是（   ）。
   A. 注册制 B. 特许制
   C. 审批制 D. 备案制

2. ［单选］我国《商业银行法》规定，设立全国性商业银行的注册资本最低限额为（   ）亿元人民币。
   A. 1 B. 10
   C. 15 D. 20

3. ［单选］根据巴塞尔协议，附属资本不得超过核心资本的（   ）。
   A. 4% B. 8%
   C. 50% D. 100%

▼ **考点**：国际主要金融监管体制

4. ［单选］一元多头式金融监管体制的代表国家是（   ）。
   A. 美国 B. 德国
   C. 英国 D. 法国

5. ［单选］实行二元多头式金融监管体制的国家为（   ）。
   A. 美国 B. 日本
   C. 德国 D. 法国

6. ［单选］日本目前实行的是（   ）金融监管体制。
   A. 一元多头式
   B. 集权式
   C. 二元多头式
   D. 伞式

7. ［单选］欧盟的金融监管体制属于（   ）。
   A. 一元多头式金融监管体制
   B. 二元多头式金融监管体制
   C. 集权式金融监管体制
   D. 跨国式金融监管体制

▼ **考点**：国际金融监管的最新发展

8. ［多选］2008年国际金融危机发生后，世界各国推出的金融监管改革措施包括（   ）。
   A. 强化金融宏观审慎监管
   B. 推出巴塞尔协议Ⅱ
   C. 强化对系统重要性金融机构的监管
   D. 加强金融监管的国际协调合作
   E. 确立国际银行业监管新标准

9. [单选] 巴塞尔协议Ⅲ通过对系统重要性银行提出（　　）的附加资本要求，以降低"大而不能倒"带来的道德风险。

　　A. 1%～2%

　　B. 1%～3.5%

　　C. 3%～6.5%

　　D. 5%～10%

学习笔记

Day 48

▼ 考点：我国的金融监管体制

1. [多选] 下列关于我国金融监管体制的演进的说法中，正确的有（　　）。
   A. 统一监管阶段（1984—1992 年）
   B. "一行两会"阶段（1992—2003 年）
   C. "一行三会"阶段（2003—2018 年）
   D. "一委两行一会"阶段（2018—2023 年）
   E. "一委一行一局一会"阶段（2023 年至今）

2. [单选] 1984 年 1 月，（　　）正式成立，中国人民银行的商业性业务基本剥离出去，开始专司中央银行职责，自此我国有了真正意义上的金融监管。
   A. 中国工商银行
   B. 中国农业银行
   C. 中国银行
   D. 中国建设银行

3. [单选] 我国金融监管体制形成"一行三会"格局是在（　　）年。
   A. 1984　　　　　　　　　　　　B. 1992
   C. 2003　　　　　　　　　　　　D. 2008

▼ 考点：我国的金融监管理念

4. [单选] 下列不属于我国银行监管机构监管理念的是（　　）。
   A. 管法人　　　　　　　　　　　B. 管风险
   C. 管内控　　　　　　　　　　　D. 管同业

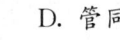

▼ 考点：我国的金融监管机构

5. [单选] 监督银行间债券市场是（　　）的职责。
   A. 中国人民银行　　　　　　　　B. 银行业协会
   C. 证监会　　　　　　　　　　　D. 证券业协会

6. [单选] 牵头负责重要金融基础设施建设规划并统筹实施监管，推进金融基础设施改革与互联互通，统筹互联网金融监管工作，是（　　）的职责。
   A. 中国人民银行
   B. 国家金融监督管理总局
   C. 证监会
   D. 证券业协会

7. [单选] 统筹金融消费者权益保护工作，是（　　）的职责。
   A. 中国人民银行
   B. 国家金融监督管理总局
   C. 证监会
   D. 证券业协会

8. ［单选］牵头打击非法金融活动，组织建立非法金融活动监测预警体系，是（　　）的职责。
   A. 中国人民银行　　　　　　　　　　B. 国家金融监督管理总局
   C. 证监会　　　　　　　　　　　　　D. 证券业协会

   ✎学习笔记

本章学习检查表

知识点名称	初次学习		第一次复习		第二次复习	
	做对题目数/总题目数	学习日期	做对题目数/总题目数	复习日期	做对题目数/总题目数	复习日期
金融风险的概念						
金融风险的分类						
金融风险的来源						
金融风险管理的作用						
金融风险管理的流程						
商业银行全面风险管理						
商业银行信用风险管理						
商业银行市场风险管理						
商业银行操作风险管理						
商业银行流动性风险管理						
金融监管的概念						
金融监管的目标与原则						
金融监管的主要内容						
国际主要金融监管体制						
国际金融监管的最新发展						
我国的金融监管体制						
我国的金融监管理念						
我国的金融监管机构						

填写建议：

"做对题目数/总题目数"记录自己各知识点做题的情况，比如，某知识点总题目数10题，自己做对了其中7题，记录为7/10。

"学习日期"和"复习日期"记录自己学习和复习各知识点的日期。

备忘录

参考答案及解析

Day 42

1. C [解析] 风险是由风险因素、风险事故和损失的可能性三个要素有机构成的。

2. A [解析] 金融风险具有不确定性、可测性、可控性、相关性。

3. A [解析] 金融风险的可测性是指能够通过对历史或者相关资料的分析和对主要风险指标的计算结果而对风险程度作出综合判断。

4. C [解析] 金融风险的可控性是指通过科学的决策和严格的管理措施,可以大大降低金融风险发生的概率,直至完全控制或者化解。

5. ABDE [解析] 金融风险具有可测性,C项错误。

6. C [解析] 市场风险是指由于市场价格的变动,银行的表内和表外头寸遭受损失的风险。

7. C [解析] 流动性风险是指银行无力为负债的减少或资产的增加提供融资而造成损失或破产的风险。当流动性不足时,银行无法以合理的成本迅速增加负债或变现资产获得足够的资金,从而影响其盈利水平。

8. A [解析] 操作风险是指由于内部程序、员工、信息科技系统存在问题以及外部事件造成损失的风险,包括法律风险,但不包括战略风险和声誉风险。

9. C [解析] 声誉风险是指商业银行行为、从业人员行为或外部事件等,导致利益相关方、社会公众、媒体等对银行形成负面评价,从而损害其品牌价值,不利于其正常经营,甚至影响市场稳定和社会稳定的风险。

10. ABE [解析] 金融风险来源的外部因素包括:①宏观经济波动;②地缘政治风险;③突发事件冲击;④监管的有效性不足。

11. ABC [解析] 金融风险来源的内部因素包括:①公司治理不健全;②风险管理和内控体系不完善;③决策的科学性和前瞻性不强;④制度执行不到位;⑤过度冒险与激励机制不合理。

Day 43

1. ACDE [解析] 金融风险管理的作用包括减少损失、保障经营目标的实现、有利于社会资源的优化配置和促进经济的稳定发展。

2. AB [解析] 风险识别包括感知风险和分析风险两个环节。感知风险是通过系统化的方法发现金融企业所面临的风险种类和性质;分析风险是深入理解各种风险的成因及变化规律,分清哪些风险可以规避,哪些风险可以分散,哪些风险可以降低。

3. B [解析] 金融风险管理是一个十分复杂的过程,根据金融风险管理过程中各项任务的基本性质,可将整个金融风险管理的程序分为4个阶段:①风险识别;②风险计量;③风险监测/报告;④风险控制/缓释。

4. B [解析] 风险报告是指金融机构定期通过其管理信息系统将风险报告给其董事会、高级管理层、股东和监管部门的程序。风险报告是金融机构实施全面风险管理的媒介,贯穿整个流程和各个层面。

5. C [解析] 风险监测是一个动态、连续的过程，风险管理人员需对风险密切关注并适时采取恰当的控制措施，确保其在设定的目标范围以内。

6. B [解析] 风险缓释的目的在于降低未来可能发生的风险所带来的影响，金融机构所使用的缓释工具应当能够起到实质性地减少风险的作用，抵押和质押担保就是典型的风险缓释措施。

7. ABCD [解析] 风险计量是指在风险识别的基础上，对各种风险进行定量分析，计算损失发生的概率和损失的大小，是全面风险管理、资本监管和经济资本配置得以有效实施的基础和关键环节。风险计量有助于分析和评估风险发生的可能性、风险将导致的后果及严重程度，从而准确确定风险水平。

Day 44

1. ABCD [解析] 商业银行全面风险管理的原则包括匹配性原则、全覆盖原则、独立性原则、有效性原则。

2. A [解析] 贷款拨备率等于贷款损失准备与各项贷款余额之比。

3. D [解析] 贷款损失准备作为商业银行应对贷款损失的第一道防线，是保障商业银行稳健经营的重要基石。

4. A [解析] 商业银行不良贷款管理要遵循如下基本原则：①经济原则，即应尽可能降低不良贷款处置成本；②内部制衡原则，即应建立相互制约、相互监督的不良贷款管理体制；③统一原则，即应规范不良贷款识别和分类、监测和分析、评估和处置、责任认定和处理等各个环节的业务操作；④可比原则，即应保持各类管理标准和办法的相对稳定性。

5. B [解析] 拨备覆盖率＝贷款损失准备÷不良贷款余额＝60÷50×100%＝120%。

6. B [解析] 信用风险的主要特点包括：①道德风险是形成信用风险的重要因素；②信用风险具有明显的非系统性风险特征；③信用风险损失分布是不对称的；④组合信用风险的测定具有一定难度。

7. B [解析] 市场风险相对于信用风险等而言，数据更为充分，更适合采用量化技术加以分析与控制，B项错误。

8. BC [解析] 市场风险指标衡量商业银行因汇率和利率变化而面临的风险，包括累计外汇敞口头寸比例和利率风险敏感度。

9. B [解析] 累计外汇敞口头寸比例为累计外汇敞口头寸与资本净额之比，一般不应高于20%。

10. ACDE [解析] 商业银行市场风险的管理措施包括：①董事会和高级管理层监控的有效性；②市场风险管理政策和程序的完善性；③内部控制和外部审计的完善性；④适当的市场风险资本分配机制；⑤市场风险的识别、计量、监测和控制的有效性。

Day 45

1. C [解析] 对于信用风险和市场风险来说，存在着风险与收益的一一对应关系，但操作风险的损失在大多数情况下与收益的产生没有必然联系，C项说法错误。

2. ABCD [解析] 商业银行操作风险的主要特点包括：内生性、风险与收益非对称性、风险来源多样化、难以量化、风险分散性。

3. ABCE [解析] 按照风险发生的频率和损失大小，巴塞尔银行监管委员会将操作风险分为：①内部欺诈；②外部欺诈；③就业制度及工作场所安全；④客户、产品与业务活动带来的风险；⑤实务资产的损坏；⑥经营中断和系统错误；⑦涉及执行、交割和流程管理的风险。

4. B [解析] 市场约束不属于银行操作风险管理的三道防线。银行应对操作风险管理的三道防线包括：①业务条线管理；②独立的法人操作风险管理部门；③独立的评估与审查。

5. C [解析] 流动性风险与信用风险、市场风险和操作风险等相比，形成的原因更加复杂，涉及的范围更广，通常被视为一种多维风险。

6. ACE [解析] 流动性风险监管指标包括流动性覆盖率、净稳定资金比例、流动性比例、流动性匹配率和优质流动性资产充足率。

7. B [解析] 流动性覆盖率旨在确保商业银行在设定的流动性压力情景下，能够保持充足的合格优质流动性资产，通过变现这些资产来满足未来30天的流动性需求。

8. B [解析] 流动性比例衡量商业银行流动性的总体水平，计算公式为流动性资产余额与流动性负债余额之比，大于或等于25%。

Day 46

1. B [解析] 狭义的金融监管是指金融监管当局对金融业的监管；广义的金融监管还包括行业自律、社会中介组织的监管等。

2. ABCD [解析] 金融监管工具主要包括法律工具（如各类法律法规）、政策工具（如存款准备金率）、行政手段（如准入许可）和技术工具（如大数据监控）。

3. C [解析] 政府进行金融监管的理论依据的核心是假定金融市场失灵。

4. D [解析] 市场失灵的常见诱因有金融市场的垄断与过度竞争、金融体系的高风险与强外部性、金融领域的信息不对称与投资者保护等。

5. ACE [解析] 金融监管的目标是对金融业实施监管所要达到的目的，它是实现金融有效监管的前提和具体实施金融监管措施的依据。目前，各国无论采用哪一种监管组织体制，监管的目标基本是一致的，通常包括三大目标：安全性目标、效率性目标和公平性目标。

6. A [解析] 安全性目标是金融监管的首要目标。

7. B [解析] 合理、适度竞争原则是指金融监管当局应着力维护、培育和创造一个公平、高效、适度、有序的竞争环境，既要避免造成金融业高度垄断、排斥竞争，从而丧失效率与活力，又要防止出现过度竞争、破坏性竞争，从而波及金融业的安全和稳定。

● 考点再现

Q_7 金融监管的原则。

(1) 依法监管原则：对金融业进行监督管理，必须以法律法规为依据。

(2) 合理、适度竞争原则：既要避免造成金融业高度垄断、排斥竞争，从而丧失效率与活力，又要防止出现过度竞争、破坏性竞争。

(3) 自我约束和外部强制相结合的原则：以内部控制为主、外部监管为辅。

(4) 综合性监管原则：金融监管当局应当将行政的、经济的和法律的手段综合配套使用；应当将直接的与间接的、外部的与内部的、自愿的与强制的、正式的与非正式的、现场的与非现场的、事先的与事后的、国内的与国外的、经常性的与集中突击性的等各种管理方式和技术手段综合配套使用。

(5) 安全稳健与风险预防原则：所有监管技术手段和指标体系，无论是市场准入、日常监管，还是风险处置和市场退出管理，都必须着眼于安全稳健运行和风险的预防管理。

(6) 社会经济效益原则：金融监管的最终目的是促进金融业稳健发展。

Day 47

1. C [解析] 审批制是现代商业银行市场准入的通行制度。

2. B [解析] 我国《商业银行法》规定，设立全国性商业银行的注册资本最低限额为10亿元人民币。

3. D [解析] 1988年，巴塞尔委员会规定，总资本充足率的最低标准为8%，核心资产占全部风险资产的比率至少为4%，附属资本不能超过总资本的50%，附属资本不能超过核心资本的100%。

● 考点再现

Q_3 资本充足率监管。

(1) 1988巴塞尔协议Ⅰ：①总资本充足率的最低标准为8%；②核心资本的比例不得低于4%；③附属资本不得超过核心资本的100%。

(2) 2010巴塞尔协议Ⅲ：①普通股比例最低要求从原来的2%提升至4.5%；②建立2.5%的资本留存缓冲和0~2.5%的逆周期资本缓冲。

4. D [解析] 一元多头式金融监管体制以法国为代表。

5. A [解析] 美国、加拿大等联邦制国家实行二元多头式金融监管体制。

6. B [解析] 集权式金融监管体制代表性国家为日本。

7. D [解析] 欧盟的金融监管体制属于跨国式金融监管体制。

● 考点再现

Q_{4-7} 国际主要的金融监管体制。

(1) 一元多头式金融监管体制是指全国的金融监管权集中于中央政府，地方没有独立的权力，在中央一级设立两家或两家以上监管机构，分别负责监管国内不同金融机构的一种监管体制。

(2) 二元多头式金融监管体制是指中央和地方都对金融机构或金融业务拥有监管权，且不同的金融机构或金融业务由不同的监管机构实施监管。

(3) 集权式金融监管体制是指由中央的一家监管机构集中行使金融监管权，代表国家为日本。

(4) 跨国式金融监管体制是指多国在经济合作区域内，对区域内的金融机构实施统一监管的金融监管体制。实行跨国式金融监管体制的典型代表为欧盟。

8. ACDE [解析] 2008年国际金融危机发生后，世界各国推出的金融监管改革措施包括：①确立国际银行业监管新标准；②强化宏观审慎监管；③强化对系统重要性金融机构的监管；④加强金融监管的国际协调合作。

9．B [解析] 巴塞尔协议Ⅲ对系统重要性银行提出1‰~3.5‰的附加资本要求，以降低"大而不能倒"带来的道德风险。

Day 48

1．ABCE [解析] 我国的金融监管体制大致可分为如下5个发展阶段：①统一监管阶段（1984—1992年）；②"一行两会"阶段（1992—2003年）；③"一行三会"阶段（2003—2018年）；④"一委一行两会"阶段（2018—2023年）；⑤"一委一行一局一会"阶段（2023年至今）。

2．A [解析] 1984年1月，中国工商银行正式成立，中国人民银行的商业性业务基本剥离出去，开始专司中央银行职责，自此我国有了真正意义上的金融监管。

3．C [解析] 我国金融监管体制形成"一行三会"格局是在2003年。

4．D [解析] 我国在总结中外监管经验教训的基础上，确立了"管法人、管风险、管内控和提高透明度"的重要监管理念。

> ●考点再现
>
> Q_4 我国的金融监管理念。
>
> （1）"三管一提高"分别是：①"管法人"，注重对银行业金融机构总体风险的把握、防范和化解；②"管风险"，以风险作为银行监管的主要内容和重点；③"管内控"，建立一套有效的内部管控机制；④"提高透明度"，要求银行业金融机构披露相关信息，以加大市场对其的约束力度。
>
> （2）"四个监管目标"分别是：①保护广大存款人和消费者的利益；②增进市场信心；③通过宣传教育工作和相关信息的普及，增进公众对现代银行业金融产品和服务的了解和对相应风险的识别；④努力减少银行业金融犯罪，维护金融稳定。
>
> （3）"六条良好监管标准"分别是：①促进金融稳定和金融创新共同发展；②努力提升我国银行业在国际金融服务中的竞争力；③各类监管设限科学、合理，有所为、有所不为，减少一切不必要的限制；④鼓励公平竞争，反对无序竞争；⑤对监管者和被监管者实施严格、明确的问责制；⑥高效、节约地使用一切监管资源。

5．A [解析] 中国人民银行监督管理银行间债券市场、货币市场、外汇市场、票据市场、黄金市场及上述市场有关场外衍生产品。

6．A [解析] 中国人民银行牵头负责重要金融基础设施建设规划并统筹实施监管，推进金融基础设施改革与互联互通，统筹互联网金融监管工作。

7．B [解析] 国家金融监督管理总局统筹金融消费者权益保护工作。

8．B [解析] 国家金融监督管理总局牵头打击非法金融活动，组织建立非法金融活动监测预警体系，组织协调、指导督促有关部门和地方政府依法开展非法金融活动防范和处置工作。

第九章 国际金融基础

学习指导

本章所涉知识点主要为国际金融的相关内容。高频考点包括汇率及其标价法、国际收支与国际收支平衡表、国际收支失衡的判定与调节、国际储备的含义与来源；本章难点包括汇率及其标价法、国际收支失衡的调节。

本章除了对理论知识的考查，还有对计算的考查，历年考查分值在 10 分左右。本章需要理解的知识点较多，考生应注意知识点间的区分。

日期	考点
Day49	➢外汇的概念与类别 ➢汇率及其标价法
Day50	➢外汇交易类型 ➢外汇风险
Day51	➢国际收支与国际收支平衡表 ➢国际收支失衡的判定与调节
Day52	➢国际储备的含义 ➢国际储备的构成 ➢国际储备的来源 ➢国际储备的作用
Day53	➢国际资本流动的概念和类型 ➢国际资本流动的原因 ➢国际资本流动影响 ➢国际资本流动的管理 ➢我国外汇管理与跨境资本管理
Day54	➢国际结算的概念和种类 ➢国际结算方式

▶▶▶ Day 49

▼ **考点**：外汇的概念与类别

1．［多选］下列属于外汇的有（　　）。
　　A．外币现钞　　　　　　　　　　B．外汇支付凭证或者支付工具
　　C．外币有价证券　　　　　　　　D．特别提款权
　　E．普通提款权

2. [多选] 一种外币若要成为外汇,需要具备的前提条件有( )。
   A. 自由兑换性   B. 收益性
   C. 可接受性   D. 可偿性
   E. 可控性

3. [单选] 自由外汇的根本特征是( )。
   A. 可兑换货币   B. 流动性
   C. 可接受性   D. 可偿性

4. [单选] 根据有关国家协议,只能用于协定国之间,不能兑换成其他货币,也不能向第三方支付的货币称为( )。
   A. 自由外汇   B. 记账外汇
   C. 贸易外汇   D. 储备外汇

▼ 考点:汇率及其标价法

5. [单选] 在直接标价法下,汇率的涨跌都以( )数额的变化体现。
   A. 本币   B. 外币
   C. 中间货币   D. 美元

6. [单选] 在汇率标价法中,本币的数量固定不变,折合成外币的数量随汇率升降而变化的方法是( )标价法。
   A. 直接   B. 间接
   C. 基础汇率   D. 套算汇率

7. [单选] 银行买入汇率与卖出汇率之间的差额是( )。
   A. 外汇投机者的收益   B. 银行外汇业务的收益
   C. 金融市场的溢价   D. 银行客户的收益

8. [单选] 本币与某一关键货币之间的汇率称为( )。
   A. 折算汇率   B. 现钞汇率
   C. 基础汇率   D. 套算汇率

9. [单选] 按照外汇买卖交割的期限时间不同,汇率可分为( )。
   A. 即期汇率和远期汇率
   B. 开盘汇率和收盘汇率
   C. 官方汇率和市场汇率
   D. 买入汇率和卖出汇率

✎ 学习笔记

Day 50

考点：外汇交易类型

1. [多选] 常见的远期外汇交易的期限包括（   ）。
   A. 1个月
   B. 2个月
   C. 3个月
   D. 12个月
   E. 24个月

2. [单选] 有关即期外汇交易的说法，错误的是（   ）。
   A. 又称现汇交易
   B. 是交易双方在3个营业日内办理交割手续的交易行为
   C. 是最基本的外汇交易
   D. 由银行或其他信息系统即时报价

3. [单选]（   ）是指交易双方通过标准化的合约形式，约定在将来的某一时日，按照事先确定的汇率交割一定金额外汇的交易。
   A. 即期外汇交易
   B. 远期外汇交易
   C. 外汇期权交易
   D. 外汇期货交易

4. [单选] 下列不属于即期外汇交易的主要特点的是（   ）。
   A. 报价容易、快捷
   B. 入账速度快
   C. 交易结算复杂
   D. 便于捕捉市场行情

考点：外汇风险

5. [多选] 外汇市场的风险主要包括（   ）。
   A. 交易风险
   B. 经济风险
   C. 折算风险
   D. 国家的风险
   E. 信用风险

6. [单选]（   ）是指企业进行会计处理和进行外币债权、债务决算时，如何以本币评价所面临的风险。
   A. 外汇交易风险
   B. 交易结算风险
   C. 外汇折算风险
   D. 国家风险

7. [单选]（　　）是指非预期的汇率变动，使企业在将来特定时期的收益发生变化的一种潜在的可能性。

   A. 经济风险

   B. 交易风险

   C. 折算风险

   D. 国家风险

8. [单选]下列选项中，主体不会承担外汇交易风险的是（　　）。

   A. 从事外汇买卖的外汇银行

   B. 进行外币贷款的企业

   C. 进行个人外汇买卖的个人

   D. 仅使用本币进行国内交易的企业

学习笔记

Day 51

▽ **考点**：国际收支与国际收支平衡表

1. [多选] 国际收支平衡表所列的每一个项目反映不同性质的国际收支，通常把这些项目分成（　　）。
   A. 经常项目
   B. 可调节项目
   C. 资本与金融项目
   D. 结算或平衡项目
   E. 错误与遗漏项目

2. [单选] 国际收支中最重要的项目是（　　），反映本国与外国之间经贸往来的收支状况。
   A. 经常项目
   B. 错误与遗漏项目
   C. 结算与平衡项目
   D. 资本与金融项目

3. [单选] 政府间的经济援助计入国际收支平衡表的（　　）。
   A. 经常项目
   B. 资本与金融项目
   C. 储备资产项目
   D. 错误与遗漏项目

▽ **考点**：国际收支失衡的判定与调节

4. [单选] 在国际收支平衡表中，（　　）可用于衡量国际收支对一国储备造成的压力。
   A. 贸易收支差额
   B. 经常项目差额
   C. 资本和金融项目差额
   D. 综合项目差额

5. [单选] 由汇率变动导致的一国国际收支失衡是（　　）。
   A. 货币性失衡
   B. 临时性失衡
   C. 收入性失衡
   D. 周期性失衡

6. [多选] 国际收支失衡时，一国当局可采取的人为调节机制包括（　　）。
   A. 间接管制政策
   B. 收入转移政策
   C. 财政政策和货币政策
   D. 直接管制政策
   E. 汇率政策

✎ 学习笔记

Day 52

▽ **考点**：国际储备的含义

1. ［单选］一国货币当局所持有的，国际普遍可以接受的，用于平衡国际收支、维持汇率稳定和作为对外偿债保证的各种对外流动资产的是（ ）。

   A. 国际收支
   B. 国际结算
   C. 国际储备
   D. 国际支付

2. ［单选］根据国际货币基金组织的界定，下列不属于一国的国际储备的是（ ）。

   A. 黄金储备
   B. 外币债券
   C. 特别提款权
   D. 普通提款权

▽ **考点**：国际储备的构成

3. ［单选］关于外汇储备作为国际储备资产的条件，下列说法错误的是（ ）。

   A. 在国际货币体系中占有重要地位
   B. 能自由兑换成其他储备资产
   C. 必须是 SDR 货币篮子中的货币
   D. 各国能获得该货币，并对其购买力的稳定性具有信心

4. ［单选］根据 2022 年国际货币基金组织的最新调整，在 SDR 货币篮子中权重排名第三的货币是（ ）。

   A. 欧元
   B. 人民币
   C. 日元
   D. 英镑

5. ［单选］当今国际储备的主体是（ ）。

   A. 国际信贷
   B. 外汇储备
   C. 黄金储备
   D. 普通提款权

▽ **考点**：国际储备的来源

6. ［多选］国际储备的主要来源有（ ）。

   A. 国际收支顺差
   B. 政府黄金存量
   C. 外汇市场干预
   D. 国内银行机构贷款

E. 特别提款权的分配

7. [单选] 特别提款权由国际货币基金组织分配给成员方，每（　　）年分配一次。
   A. 1
   B. 3
   C. 5
   D. 10

> **考点**：国际储备的作用

8. [单选] 国际储备的首要作用是（　　）。
   A. 调节本币汇率
   B. 充当信用保证
   C. 弥补国际收支赤字
   D. 获取投资收益

9. [单选] 关于国际储备的信用保证作用，下列表述不正确的是（　　）。
   A. 充足的国际储备有助于维持公众对本国货币的信心
   B. 国际储备状况是评价一国金融风险的重要指标
   C. 国际储备充足时对外借款容易
   D. 国际储备水平与一国吸引外资能力无关

✍ 学习笔记

Day 53

▽ **考点**：国际资本流动的概念和类型

1. ［多选］下列属于国际资本流动长期资本类型的有（　　）。
   A. 直接投资
   B. 国际贷款
   C. 证券投资
   D. 金融性资本流动
   E. 贸易性资本流动

2. ［多选］下列国际资本流动类型中，属于直接投资的有（　　）。
   A. 在国外创办新企业
   B. 贸易性资金流动
   C. 证券投资
   D. 利润再投资
   E. 收购并拥有国外企业的股权达到一定比例

3. ［单选］各国经营外汇业务的银行和其他金融机构的资金融通引发的国际资本流动称为（　　）。
   A. 贸易性资本流动
   B. 金融性资本流动
   C. 保值性资本流动
   D. 投机性资本流动

4. ［单选］长期资本流动是指期限在1年以上或未规定期限的资本流动。下列关于长期资本流动的说法中，正确的是（　　）。
   A. 直接投资呈逐年上升的发展态势
   B. 追逐高利润是直接投资的根本目的
   C. 国际贷款是指一国政府、国际金融机构或国际银行对非居民或居民所发放的短期贷款
   D. 证券投资的投资期限较短，风险性相对更大

5. ［单选］在国际资本流动中，投资目的在于获利，而不具有企业控制权的投资是（　　）。
   A. 直接投资
   B. 贷款投资
   C. 国际借贷
   D. 证券投资

▽ **考点**：国际资本流动的原因

6. ［多选］下列关于引起国际资本流动原因的说法中，正确的有（　　）。
   A. 贸易壁垒
   B. 过剩资本的形成
   C. 汇率与利率的变化
   D. 通货膨胀

E. 国际投机者的恶性投机

7. [单选] 当一国利率水平提高时，会引起（   ）。
   A. 资本流出，本币汇率下跌
   B. 资本流入，本币汇率上升
   C. 资本流出，本币汇率上升
   D. 资本流入，本币汇率下跌

8. [单选] 在开放经济条件下，一国利率提高，会引起其（   ）。
   A. 本币需求增加，外币需求亦增加
   B. 本币需求增加，外币需求相对减少
   C. 本币需求减少，外币需求亦减少
   D. 本币需求减少，外币需求相对增加

▽ 考点：国际资本流动影响

9. [多选] 整体而言，国际资本流动促进了世界经济的增长和稳定，其积极作用主要表现在（   ）。
   A. 提高全球经济效益
   B. 获得高额利润
   C. 加速世界经济的国际化进程
   D. 带动本国出口贸易的发展
   E. 促进技术传播和投资方式的多元化

▽ 考点：国际资本流动的管理

10. [单选] 下列不属于各国对国际资本流动的控制与管理的途径和措施的是（   ）。
    A. 运用货币金融政策干预国际资本流动
    B. 实施外汇管制
    C. 颁布法令直接控制资本流动
    D. 根据偿债能力限制对外借贷规模

11. [单选] 对资本国际流动所征收的税种是（   ）。
    A. 消费税
    B. 资源税
    C. 托宾税
    D. 印花税

▽ 考点：我国外汇管理与跨境资本管理

12. [单选] 下列不属于我国外汇管理政策核心原则的是（   ）。
    A. 宏观审慎管理原则
    B. 真实性、合规性审核原则
    C. 渐进式开放原则
    D. 市场化原则

13. [单选] 关于我国当前外汇管理的主要措施，说法错误的是（　　）。
   A. 我国对个人用汇实行年度便利化额度管理，给予每人每年等值5万美元的额度
   B. 外贸企业凭真实交易单据可自由办理结售汇，所有外汇收支通过银行直接办理
   C. 我国对外商直接投资实行正面清单管理
   D. 境内投资者可以通过合格境内机构投资者额度投资境外证券市场

Day 54

考点：国际结算的概念和种类

1. [单选] 将国际结算分为国际贸易结算和国际非贸易结算的划分标准为（　　）。
   A. 结算对象　　　　　　　　　　B. 资金流向
   C. 结算方式　　　　　　　　　　D. 结算工具流向

2. [单选] 由收款人或者债权人签发票据并委托银行向债务人索取款项的结算方式是（　　）。
   A. 国际贸易结算　　　　　　　　B. 国际非贸易结算
   C. 顺汇　　　　　　　　　　　　D. 逆汇

3. [单选] 下列不属于国际结算业务特点的是（　　）。
   A. 国际结算需要按照国际法规和国际惯例进行
   B. 国际结算以可自由兑换货币为媒介
   C. 国际结算以清算机构为中介
   D. 国际结算比国内结算复杂

考点：国际结算方式

4. [单选] 国际结算方式中，属于顺汇的是（　　）。
   A. 托收　　　　　　　　　　　　B. 汇款
   C. 承兑交单　　　　　　　　　　D. 付款交单

5. [单选] 下列不属于汇款结算方式的是（　　）。
   A. 押汇　　　　　　　　　　　　B. 信汇
   C. 电汇　　　　　　　　　　　　D. 票汇

6. [单选] 不附有商业单据的金融单据托收方式称为（　　）。
   A. 无票托收　　　　　　　　　　B. 直接托收
   C. 跟单托收　　　　　　　　　　D. 光票托收

7. [单选] 向受益人购买信用证下单据的银行是（　　）。
   A. 议付行　　　　　　　　　　　B. 保兑行
   C. 通知行　　　　　　　　　　　D. 开证行

8. [单选] 汇款业务中一般有4个基本当事人，证实汇出行委托付款指示的真实性，通知收款人取款并付款是（　　）的责任。
   A. 汇款人　　　　　　　　　　　B. 汇出行
   C. 汇入行　　　　　　　　　　　D. 收款人

学习笔记

本章学习检查表

知识点名称	初次学习		第一次复习		第二次复习	
	做对题目数/总题目数	学习日期	做对题目数/总题目数	复习日期	做对题目数/总题目数	复习日期
外汇的概念与类别						
汇率及其标价法						
外汇交易类型						
外汇风险						
国际收支与国际收支平衡表						
国际收支失衡的判定与调节						
国际储备的含义						
国际储备的构成						
国际储备的来源						
国际储备的作用						
国际资本流动的概念和类型						
国际资本流动的原因						
国际资本流动影响						
国际资本流动的管理						
我国外汇管理与跨境资本管理						
国际结算的概念和种类						
国际结算方式						

填写建议：

"做对题目数/总题目数"记录自己各知识点做题的情况，比如，某知识点总题目数10题，自己做对了其中7题，记录为7/10。

"学习日期"和"复习日期"记录自己学习和复习各知识点的日期。

备忘录

First chapter 九章 国际金融基础

参考答案及解析

Day 49

1. ABCD [解析] 外汇包括：①外币现钞，包括纸币、铸币；②外汇支付凭证或者支付工具，包括票据、银行存款凭证、银行卡等；③外币有价证券，包括债券、股票等；④特别提款权；⑤其他外汇资产。

2. ACD [解析] 一种外币若要成为外汇，需要具备的前提条件有：①自由兑换性；②可接受性；③可偿性。

> ●考点再现
>
> Q_2 一种外币成为外汇需要具备的3个前提条件：①自由兑换性，即这种外币能自由地兑换成本币；②可接受性，即这种外币在国际经济交往中被各国普遍地接受和使用；③可偿性，即这种外币资产是在国外能得到补偿的债权。

3. A [解析] 自由外汇是指那些可以在国际金融市场上自由买卖，在国际支付中广泛使用并可以无限制地兑换成为其他货币的外汇。

4. B [解析] 记账外汇被记载在双方指定的银行专门开设的清算账户上，它是支付协定的产物，只能用于协定国之间，不能兑换成其他货币，也不能向第三方支付。

> ●考点再现
>
> Q_{3-4} 外汇的种类。
>
> 1. 根据是否可以自由兑换划分
>
> （1）自由外汇：可以在国际金融市场上自由买卖，在国际支付中广泛使用并可以无限制地兑换成为其他货币的外汇。自由外汇是世界各国普遍都能接受的支付手段。
>
> （2）记账外汇/协定外汇/双边外汇：①在两国政府间签订的支付协定项下所使用的外汇；②记账外汇被记载在双方指定的银行专门开设的清算账户上，它是支付协定的产物，只能用于协定国之间，不能兑换成其他货币，也不能向第三方支付。
>
> 2. 根据外汇的来源和用途划分
>
> （1）贸易外汇：来源于或者用于进出口贸易的外汇。
>
> （2）非贸易外汇：一国在进出口贸易以外所收付的外汇（如劳务外汇、旅游外汇和侨汇）。

5. A [解析] 直接标价法是以一定单位的外国货币作为标准，将其折算为一定数额的本国货币来表示汇率的方法。其特点为：①外币的数量固定不变，折合本币的数量则随着外币币值和本币币值的变化而变化；②汇率的涨跌都以本币数额的变化来表示。

6. B [解析] 间接标价法是以一定单位的本国货币为标准，折算为一定数额的外国货币来表示其汇率的方法。

7. B [解析] 外汇买入价和卖出价的差额即银行买卖外汇的收益，买入汇率（买入价）和卖出汇率（卖出价）之间的差幅一般为1‰~5‰，是银行买卖外汇的收益。

8. C [解析] 基础汇率是指本币与某一关键货币之间的汇率。

9. A [解析] 按照外汇买卖交割的期限时间不同来划分，汇率可分为即期汇率和远期汇率。

● 考点再现

Q_{8-9} 汇率的种类。

1. 按照制定汇率的不同方法来划分

（1）基础汇率：本币与某一关键货币之间的汇率。所谓关键货币，就是本国对外交往中使用最多、外汇储备中比重最大、国际上普遍接受的自由外汇（美元）。我国采用人民币对美元的汇率作为基础汇率。

（2）套算汇率：在基础汇率基础上套算出来的本币与非关键货币之间的汇率。

2. 按照银行买卖外汇的角度不同来划分

（1）银行买入汇率：银行向同业或客户买入外汇时所使用的汇率。

（2）卖出汇率：银行向同业或客户卖出外汇时所使用的汇率。

（3）中间汇率：买入汇率和卖出汇率的平均数。

3. 按照外汇买卖交割的期限不同来划分

（1）即期汇率/现汇汇率：成交后当日或2个营业日内进行交割所使用的汇率。

（2）远期汇率：买卖双方通过签订合同，约定在未来某一特定日期进行交割所使用的汇率。

4. 按照经营外汇的银行营业时间不同来划分

（1）开盘汇率/开盘价：外汇银行在一个营业日刚开始营业时进行外汇买卖所使用的汇率。

（2）收盘汇率/收盘价：外汇银行在一个营业日的外汇交易终了时所使用的汇率。

5. 按照外汇管制程度的不同来划分

（1）官方汇率/法定汇率：外汇管制较为严格的国家授权其外汇管理当局制定并公布的本国货币与其他国家货币之间的外汇牌价。

（2）市场汇率：外汇管制比较宽松的国家在自由外汇市场上进行外汇交易时所形成的汇率。

Day 50

1. ABCD [解析] 常见的远期外汇交易的期限为1个月、2个月、3个月、6个月、9个月及12个月，也有短至几天或长至1年以上的，不过这在实际中比较少见。

2. B [解析] 即期外汇交易又称现汇交易，是指外汇买卖成交后，交易双方于当天或2个交易日内办理交割手续的一种交易行为。即期外汇交易的汇率由银行或其他信息系统即时报价。即期外汇交易是最基本的外汇交易。

3. D [解析] 外汇期货也称货币期货，外汇期货交易是指交易双方通过标准化的合约形式，约定在将来的某一时日，按照事先确定的汇率交割一定金额外汇的交易。

4. C [解析] 即期外汇交易的特点如下：①市场容量大，交易活跃；②报价容易、快捷、便于捕捉市场行情；③买卖外汇入账快。

5. ABC [解析] 外汇市场的风险包括交易风险、折算风险、经济风险。

6. C [解析] 外汇折算风险是指企业进行会计处理和进行外币债权、债务决算时，如何以本币进行评价所面临的风险。

7. A [解析] 经济风险又称经营风险，是指非预期的汇率变动，使企业在将来特定时期的收益发生变化的一种潜在的可能性。

8. D [解析] 以外汇买卖为主营业务的外汇银行所承担的风险主要是外汇交易的风险；企业

以外币进行贷款或借款，以及伴随外币贷款、借款而进行的外汇交易，也要承担外汇交易的风险；个人买卖外汇同样也存在外汇交易的风险。

Day 51

1. ACE [解析] 国际收支平衡表所列的每一个项目反映不同性质的国际收支，通常把这些项目分成经常项目、资本与金融项目、错误与遗漏项目三大类。

2. A [解析] 经常项目是国际收支中最重要的项目，反映实际资源的流动。

3. A [解析] 经常项目反映实际资源的流动，它具体包括以下4个主要项目：①货物，如一般商品的进出口；②服务，如运输服务、旅游、通信服务、金融服务等；③收入，包括季节性工人工资和投资收益；④经常转移，如政府间的经济援助、侨汇等。

4. D [解析] 在国际收支平衡表中，综合项目差额可用于衡量国际收支对一国储备造成的压力。

5. A [解析] 货币性失衡是指由一国的价格水平、成本、汇率、利率等货币性因素的变化引起的国际收支失衡。

> ●考点再现
>
> Q_5 国际收支失衡的类型。
>
> （1）临时性失衡：具体分为偶发性失衡和季节性失衡。偶发性失衡是由偶然原因如自然灾害、战争等造成的国际收支不平衡。季节性失衡则是由进出口结构随着季节的不同而造成的国际收支不平衡。
>
> （2）周期性失衡：由经济周期性变化造成的国际收支失衡。
>
> （3）结构性失衡：国内经济、产业结构不能适应世界市场的变化而发生的国际收支失衡。
>
> （4）收入性失衡：由国民收入水平的变动导致的国际收支失衡。
>
> （5）货币性失衡：由一国的价格水平、成本、汇率、利率等货币性因素的变化引起的国际收支失衡。

6. CDE [解析] 当国际收支出现失衡时，一国当局往往不能完全依靠经济体系的自动调节机制来使国际收支恢复均衡，需要主动采取适当的政策措施。主要的宏观政策措施有：外汇缓冲政策、支出增减政策（财政政策、货币政策）、支出转换政策（汇率政策）、产业政策和科技政策、直接管制政策、国际经济合作政策。

Day 52

1. C [解析] 国际储备又称官方储备，是指一国货币当局所持有的，国际普遍可以接受的，用于平衡国际收支、维持汇率稳定和作为对外偿债保证的各种对外流动资产的总称。

2. B [解析] 根据国际货币基金组织的界定，一国的国际储备包括黄金储备、外汇储备、在国际货币基金组织的储备头寸（普通提款权）和国际货币基金组织分配给成员尚未动用的特别提款权。

3. C [解析] 充当国际储备资产的货币必须具备三个条件：①在国际货币体系中占有重要地位；②能自由兑换成其他储备资产；③各国能获得该货币，并对其购买力的稳定性具有信心。

4. B [解析] 2022年5月11日，国际货币基金组织执董会完成了五年一次的特别提款权定值审查,将人民币在SDR货币篮子中的权重由10.92%上调至12.28%,人民币权重仍保持在第三位。

5. B [解析] 国际储备的主体是外汇储备。

6. ABCE [解析] 国际储备的主要来源有:①国际收支顺差;②政府黄金存量;③外汇市场干预;④国际信贷;⑤特别提款权的分配;⑥在国际货币基金组织的头寸。

7. C [解析] 特别提款权由国际货币基金组织分配给成员方,每5年分配一次。

• 考点再现 •

Q_{6-7} 国际储备的来源。

(1) 国际收支顺差(主要来源):是国际收支中经常项目差额与资本项目差额之和。经常项目的收入是增加国际储备最可靠的来源。

(2) 政府黄金存量(有限):指一国货币当局拥有的货币黄金储备。

(3) 外汇市场干预:在本币受到升值压力的情况下,一国货币当局在外汇市场抛售本币,购进外汇,以稳定汇率,购进的可兑换货币便成为该国国际储备的一部分。

(4) 国际信贷:指一国获得其他国家的政府贷款、从国际金融机构获得的贷款、中央银行之间的互惠贷款、从国际银行或银团获得的融资以及在国际金融市场上发行债券获得的融资。

(5) 特别提款权的分配:特别提款权由国际货币基金组织分配给成员方,每5年分配一次。特别提款权不能作为现实货币用于普通商品交换,但可以作为国际储备支付国际债务。

(6) 在国际货币基金组织的头寸。

8. C [解析] 国际储备的作用体现在:①弥补国际收支赤字(首要作用);②调节本币汇率;③充当信用保证。

9. D [解析] 充足的国际储备可支持和维持国内外公众对本国货币政策、汇率管理政策和货币的信心,维持本国货币的稳定。同时,国际储备也是一国对外举债的保证。一国的国际储备状况在吸引外资过程中是资金信誉调查的重要内容,是评价一国金融风险的重要指标,国际储备充足时,吸引外资成本较低,对外借款就容易;反之,吸引外资成本较高,对外借款就越困难。

Day 53

1. ABC [解析] 长期资本流动是指期限在1年以上或未规定的资本流动,包括直接投资、证券投资和国际贷款三种类型。

2. ADE [解析] 直接投资是指一国的投资者采用各种形式对另一国或地区的工商企业进行投资以及将投资利润再投资,并且取得对该投资企业部分或全部管理控制权的投资方式。直接投资主要有三种形式:在国外创办新企业、收购并拥有国外企业的股权达到一定比例和利润再投资。

3. B [解析] 金融性资本流动是指由各国经营外汇业务的银行和其他金融机构的资金融通引发的国际资本流动,包括套汇、套利、头寸调拨、同业拆借等形式,主要为金融机构相互调剂资金余缺服务。

4. D [解析] 证券投资呈逐年上升的发展态势，A项错误。扩大公司控制权是直接投资的根本目的，证券投资往往将追逐高利润作为唯一目的，B项错误。国际贷款是指一国政府、国际金融机构或国际银行对非居民（包括外国政府、银行、企业等）所发放的中长期贷款，C项错误。

5. D [解析] 证券投资与直接投资的最大区别在于证券投资者对投资对象企业不具有实际控制和管理权，证券投资者只能收取债券利息或股票的红利。而直接投资者则持有足够的股权来管理经营投资对象企业，并承担企业的经营风险和享受企业的经营利润。另外，证券投资往往将追逐高利润作为唯一目的，投资期限较短，具有较强的流动性和变现性，风险性相对更大。

6. BCDE [解析] 国际资本流动的主要原因有：①过剩资本的形成；②利润的驱动；③汇率与利率的变化；④通货膨胀；⑤政治、经济及战争风险的存在；⑥国际投机者的恶性投机。

7. B [解析] 在一般情况下，利率与汇率呈正相关关系。一国利率提高，其汇率也会上浮；反之，一国利率降低，其汇率则会下浮。因此，当一国利率水平提高时，吸引外资流入，造成对该国货币需求的增加，可以改善该国际收支中资本账户的收支情况，促使该国货币汇率上升。

8. B [解析] 在开放经济条件下，一国利率提高，吸引外资流入，造成对该国货币需求的增加（即外币需求相对减少），可以改善该国国际收支中资本账户的收支，促使该国货币汇率上升。

9. ACE [解析] 国际资本流动促进了世界经济的增长和稳定，其积极作用主要表现在：①提高全球经济效益；②加速世界经济的国际化进程；③促进技术传播和投资方式的多元化。

● 考点再现

Q_9 国际资本流动影响。

（1）国际资本流动的积极作用表现在：①提高全球经济效益；②加速世界经济的国际化进程；③促进技术传播和投资方式的多元化。

（2）国际资本流动的消极作用表现在：①加大了各国维持外部均衡的难度；②加大了微观经济主体经营的困难。

10. A [解析] 各国对国际资本流动的控制和管理主要有以下4种途径：①运用财政金融政策干预国际资本流动；②实施外汇管理；③颁布法令直接控制资本流动；④根据偿债能力限制对外借贷规模。

11. C [解析] 各国会采取征税的办法限制资本流动进而对国际资本流动进行控制与管理，其中对资本国际流动所征收的税种又称托宾税。

12. D [解析] 我国外汇管理政策的核心原则包括：宏观审慎管理原则，真实性、合规性审核原则，渐进式开放原则。

13. C [解析] 我国对外商直接投资实行负面清单管理，不在负面清单中的项目企业在进行外汇登记后可自由汇入汇出。

Day 54

1. A [解析] 按结算对象划分，国际结算有两种形式：一种是国际贸易结算，即以对外贸易为背景办理货币收付，清偿国与国之间的债权债务的业务活动；另一种是国际非贸易结算，即因投资、利润汇回、侨汇、文化交流、旅游收支、赠送等发生的国际结算。

2. D [解析] 逆汇是由收款人或债权人签发票据并委托银行向债务人索取款项的结算方式。

●考点再现

Q_{1-2} 国际结算的分类如表9-1所示。

表9-1 国际结算的分类

划分方式	类别
按结算对象划分	国际贸易结算：以对外贸易为背景办理货币收付，清偿国与国之间的债权债务的业务活动
	国际非贸易结算：因投资、利润汇回、侨汇、文化交流、旅游收支、赠送等发生的国际结算
按资金和结算工具的流向划分	顺汇：结算工具传送方向与资金流动方向相同，是由付款人或债务人主动通过银行将一定金额的款项付给收款人或债权人的结算方式
	逆汇：结算工具传送方向与资金流动方向相反，是由收款人或债权人签发票据并委托银行向债务人索取款项的结算方式

3. C [解析] C项，在现代国际结算中，不同国家间的债权债务关系的清偿都是以银行作为中介实现的。

4. B [解析] 汇款是典型的顺汇；托收是典型的逆汇。

5. A [解析] 汇款结算方式包括电汇、信汇、票汇。

6. D [解析] 光票托收是指不附带商业单据的金融单据的托收。

7. A [解析] 议付行是准备向受益人购买信用证下单据的银行。

●考点再现

Q_7 信用证的主要当事人及其责任如表9-2所示。

表9-2 信用证的主要当事人及其责任

项目		内容
开证行	概念	接受开证申请人的委托，开出信用证的银行
	责任	(1) 在不可撤销的信用证项下，只要提交了规定的合格单据，便形成了付款责任 (2) 开证行履行付款义务后，如申请人无力付款赎单，开证行有权处理单据或货物。如果处理单据或货物后仍有损失，开证行有权向申请人追索 (3) 开证行可以指定一家银行办理付款、承兑、偿付、保兑等业务。这家银行如未能付款，或未承兑，或承兑了到期不付款，开证行应承担责任 (4) 开证行验收了合格的单据，并已对外付款就承担了终结性付款的责任，对议付行或被指定的银行或汇票的前手无追索权 (5) 如果议付行议付单据后按信用证条款索偿，但未及时索到款项，开证行应对议付行的利息损失负责 (6) 如果信用证条款规定单据由寄单行邮寄，开证行验单付款，如单据丢失，开证行丧失验单的机会，应同样承担付款责任

续表

项目		内容
通知行	概念	受开证行委托，将信用证转交出口方的银行
	责任	(1) 通知行接到信用证，证明其真实性、完整性，应根据开证行的要求将信用证及时、准确地通知受益人 (2) 通知行可以自行决定是否向受益人通知某个信用证。如果不准备通知，应及时转告开证行 (3) 通知行收到经证实的电信方式的信用证通知时，视其为有效文件；如果事后收到航邮证实书，通知行视证实书为无效，并不负责核对 (4) 对于信用证条款不完整、密押不符的，通知行要及时与开证行联系
议付行	概念	准备向受益人购买信用证下单据的银行，议付行可以是通知行或其他被指定的愿意议付该信用证的银行，一般是出口商所在地银行
	责任	(1) 对自由议付信用证，议付行可以选择是否做议付；对限制议付信用证，非指定银行无权议付 (2) 议付行只对单证、单单表面一致负责，对单据形式、真伪性或法律效力均不负责 (3) 议付行议付单据后，由于非议付行本身的问题，遭开证行拒付后，对受益人没有必定付款的责任，仍有追索权 (4) 判断信用证的修改书是否被受益人接受。议付行应对受益人提交的单据与修改书内容进行核对，一致则视为受益人已接受修改书；反之则视为受益人未接受修改书 (5) 对于非单据化的条款，议付行可以不予理会。对以申请人作为汇票付款人的汇票，议付行可以做附加单据处理
保兑行	概念	应开证行或受益人的邀请，在信用证上加具保兑的银行
	责任	(1) 如果保兑行同意在某个信用证上加具保兑，则该保兑行对信用证负有独立的付款责任。如对议付行付款后，无论开证行倒闭或无理拒付，都不能向议付行追索 (2) 保兑行可以自行决定是否做保兑。如果保兑行不准备接受开证行的邀请为某个信用证加具保兑，应及时通知开证行 (3) 关于保兑延伸的问题。保兑行保兑信用证后，又接到修改书，保兑行可将保兑责任扩展至修改书。如果保兑行不准备将保兑责任扩展，也可对修改书不保兑，只将修改书通知受益人，但要及时通知开证行 (4) 由于保兑行是开证行指定的银行，对其凭表面与信用证条款相符单据的付款，开证行保证予以偿付
偿付行	概念	开证行指定的对议付行或付款行进行偿付的第三国银行。一般在信用证采用第三国货币计价结算时，开证行委托其在货币清偿地的账户行作为偿付行
	责任	(1) 偿付行如果没有及时得到开证行的授权，致使议付行未及时索偿到货款，偿付行不承担由迟付款给议付行带来的利息损失 (2) 偿付行付款不应以议付行提交单证相符的证明为条件 (3) 偿付行代开证行付款，费用由开证行承担 (4) 偿付行对议付行进行偿付，不能视作开证行的付款。当开证行收到单据发现与信用证条款不符而拒绝付款时，仍可向议付行追索要求退款（偿付行不审单，开证行审单）

续表

项目		内容
受益人	概念	信用证上被指明有权接受并使用信用证，凭此发货、交单、取得货款的出口商
	责任	(1) 受益人根据信用证条款发货并缮制单据交银行议付。只要单证、单单表面一致，就有收取货款的权利，并对单据的真实性、正确性负责，对发运的货物负责 (2) 受益人有权在交单议付时，决定是否接受信用证修改书 (3) 在自由议付信用证项下，受益人有权选择议付行作为开证行的指定银行 (4) 根据信用证条款，合格的单据直接提交开证行时，如遇开证行倒闭，受益人有权向进口商提出付款要求
开证申请人	概念	向开证行申请开立信用证的一方，一般是进口商
	责任	(1) 当申请人和受益人约订以信用证方式结算，申请人应按合同规定在一定期限内通过银行开立符合合同条款规定的信用证 (2) 开证行收到审核无误的单据，要求申请人赎单时，申请人有赎单付款的义务，也有在验单发现单据有错误时拒绝赎单的权利

8. C ［解析］汇入行的职责是证实汇出行委托付款指示的真实性，通知收款人取款并付款。

本章强化测试

思维导图

▶▶▶ **Day 55**

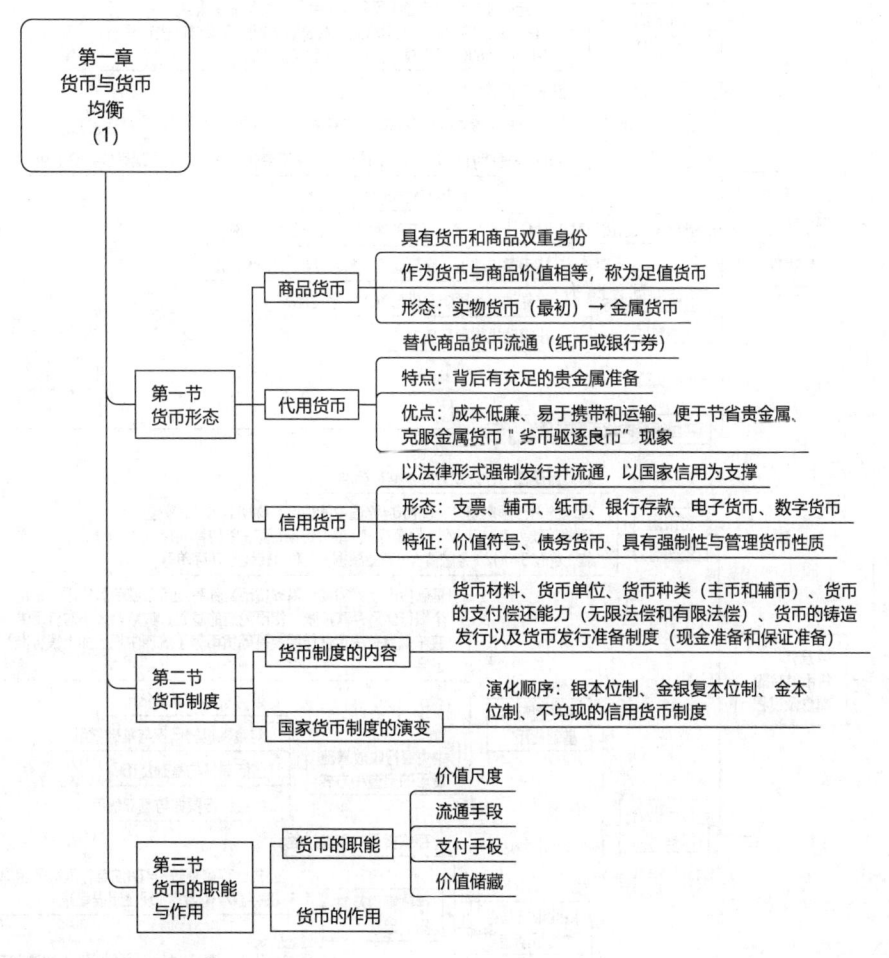

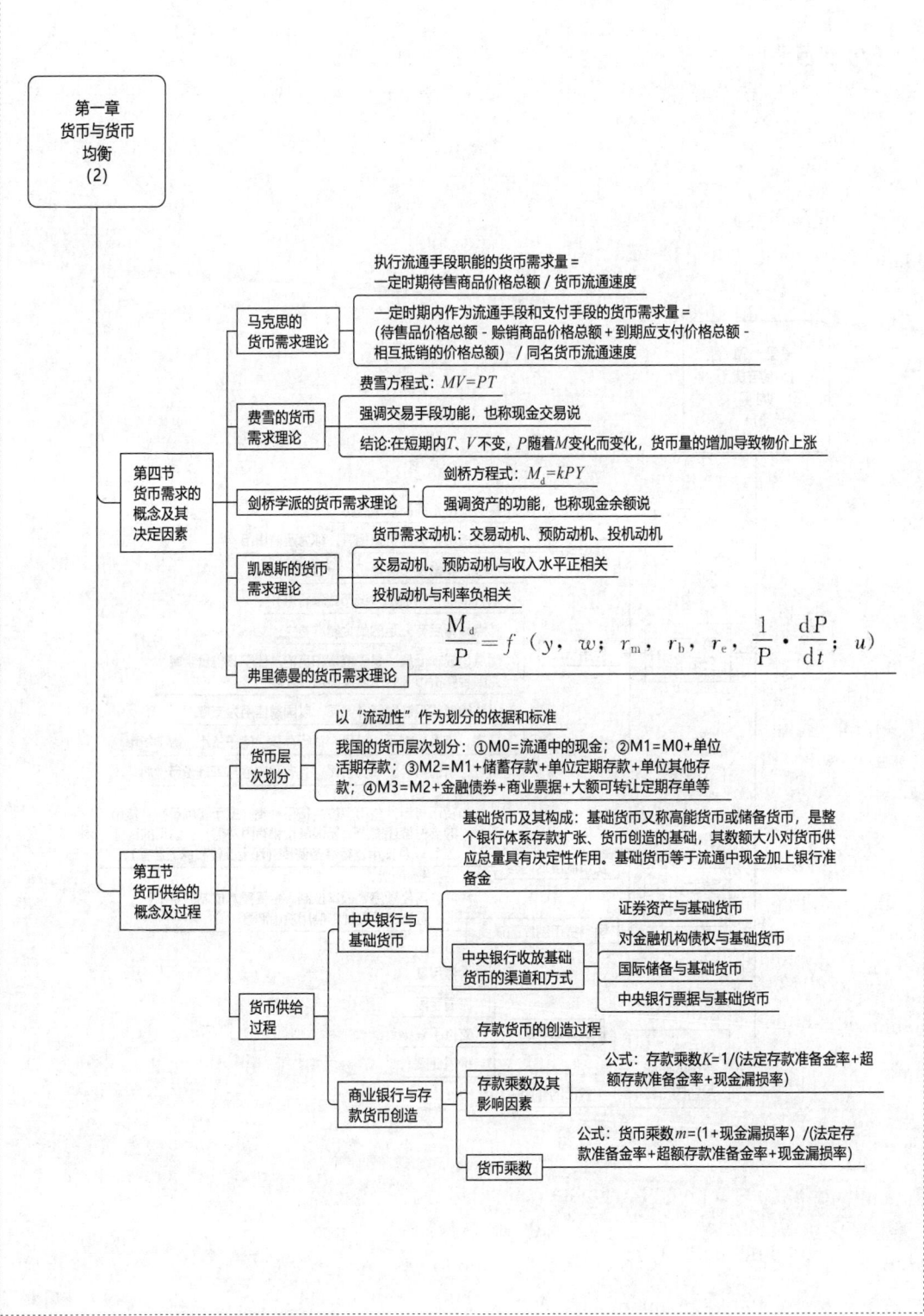

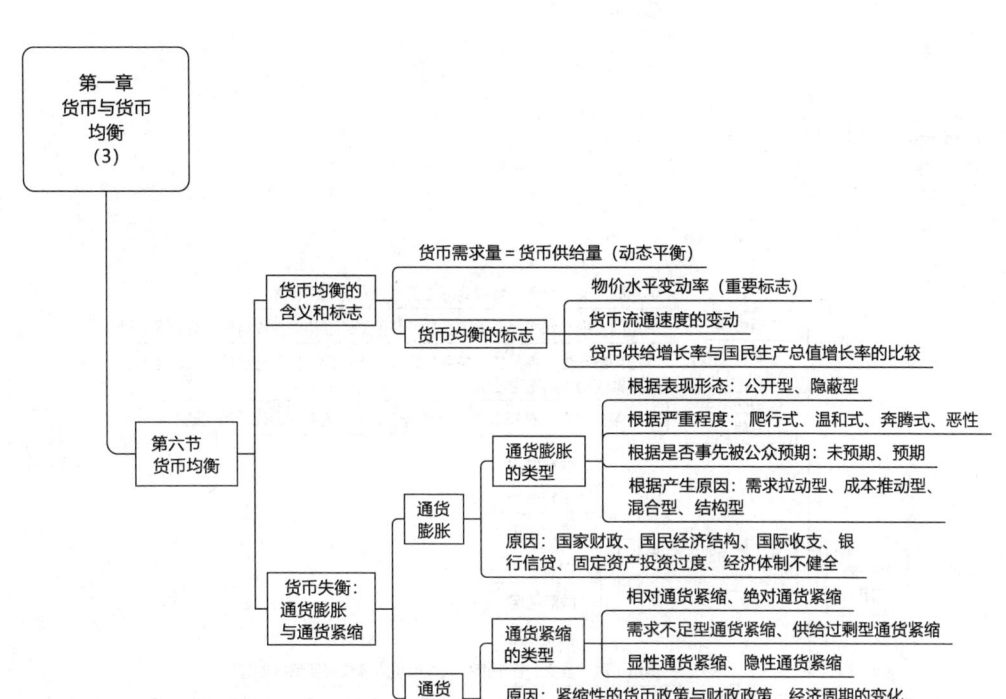

> **温馨贴士**

中央银行收放基础货币的渠道和方式：

（1）证券资产与基础货币。买卖政府债券是中央银行在本国货币市场上开展公开市场业务的重要内容，商业银行等金融机构是中央银行的主要交易对手。中央银行买入政府债券会导致基础货币等额增加。

（2）对金融机构债权与基础货币。中央银行对商业银行等金融机构债权的变化主要通过办理再贴现、再贷款等资产业务来实现。

（3）国际储备与基础货币。买卖外汇是中央银行公开市场操作的重要组成部分，对基础货币的影响与买卖政府债券类似。中央银行收购外汇而投放基础货币，被称为外汇占款。如果中央银行为了维持汇率稳定而被动地买卖外汇，则会使外汇占款的收放比较被动。

（4）中央银行票据与基础货币。中央银行的其他负债业务包括发行债券或者中央银行票据，也是中央银行公开市场操作的重要内容。在资产规模不变的情况下，中央银行的其他负债与基础货币反向变化。

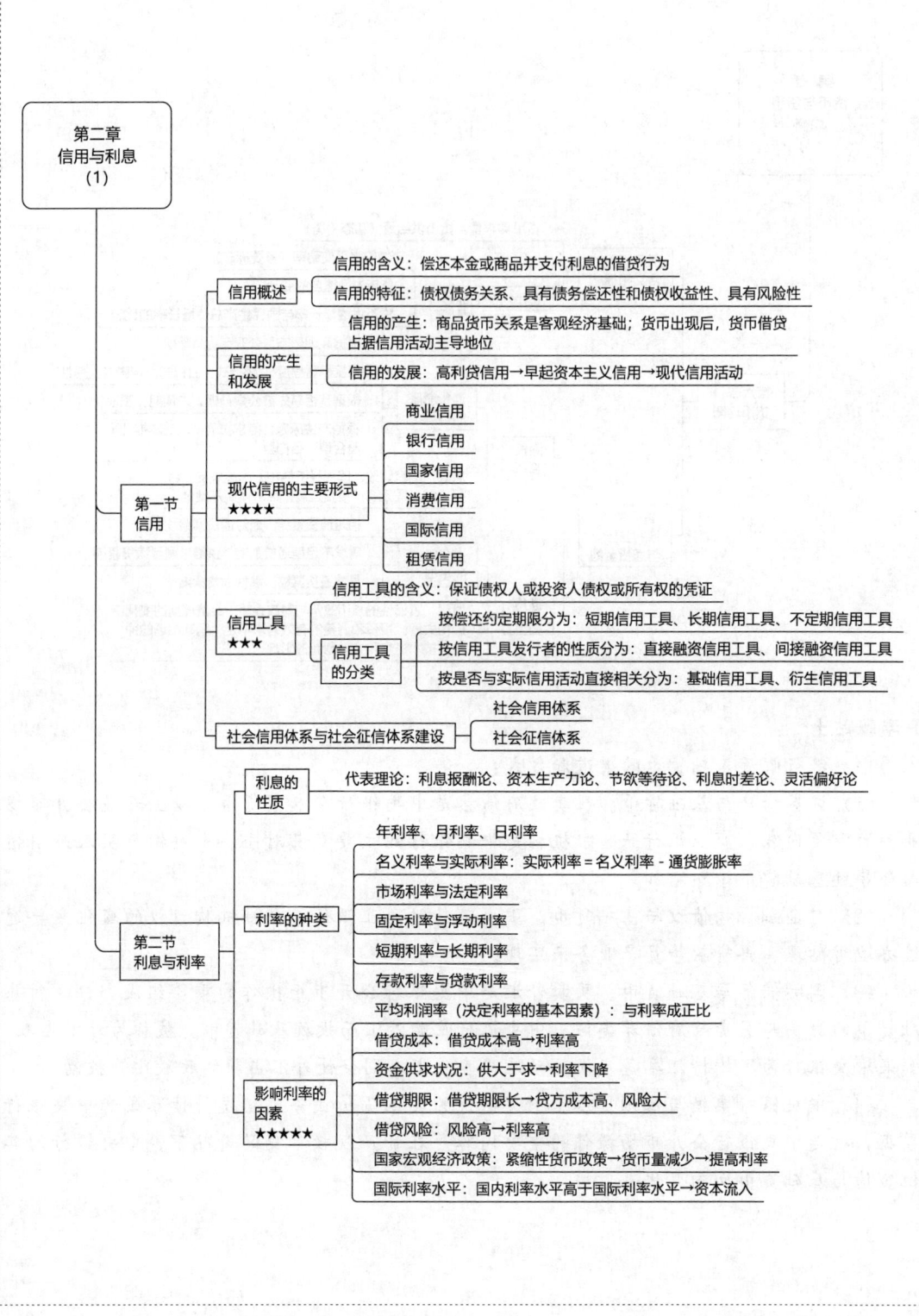

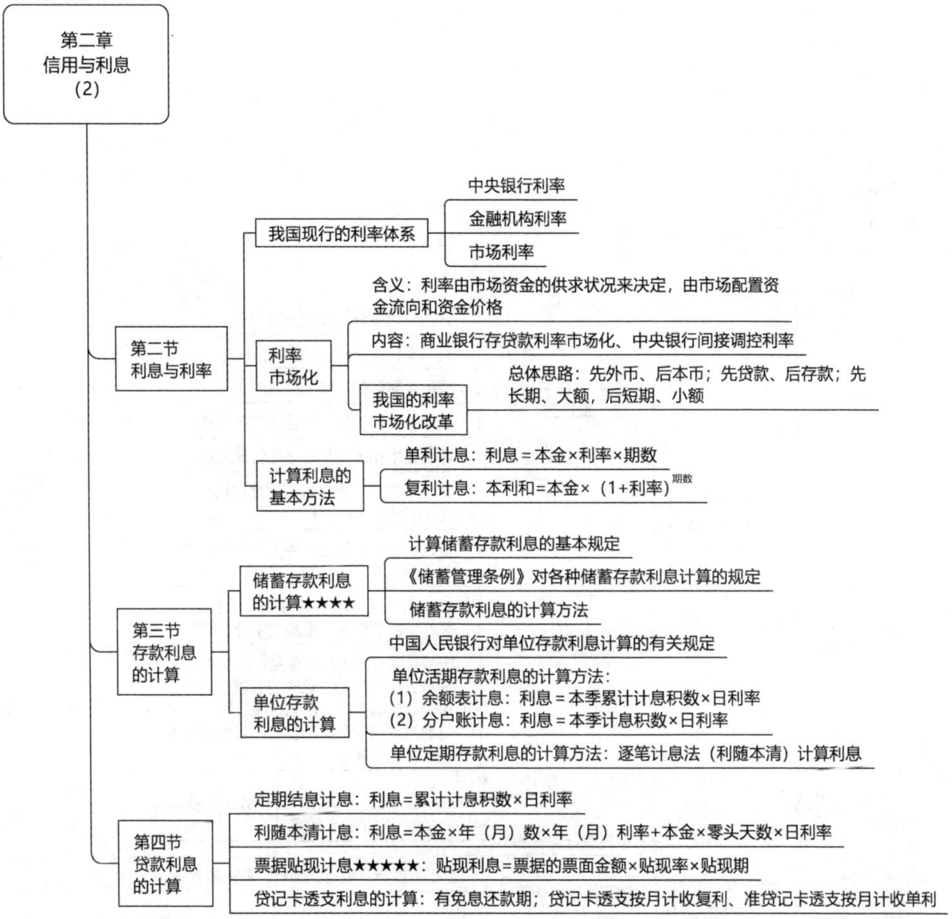

思维导图

```
第二章
信用与利息
(2)
├─ 第二节 利息与利率
│   ├─ 我国现行的利率体系
│   │   ├─ 中央银行利率
│   │   ├─ 金融机构利率
│   │   └─ 市场利率
│   ├─ 利率市场化
│   │   ├─ 含义：利率由市场资金的供求状况来决定，由市场配置资金流向和资金价格
│   │   ├─ 内容：商业银行存贷款利率市场化、中央银行间接调控利率
│   │   └─ 我国的利率市场化改革
│   │       └─ 总体思路：先外币、后本币；先贷款、后存款；先长期、大额，后短期、小额
│   └─ 计算利息的基本方法
│       ├─ 单利计息：利息＝本金×利率×期数
│       └─ 复利计息：本利和＝本金×（1+利率）^期数
├─ 第三节 存款利息的计算
│   ├─ 储蓄存款利息的计算★★★★
│   │   ├─ 计算储蓄存款利息的基本规定
│   │   ├─《储蓄管理条例》对各种储蓄存款利息计算的规定
│   │   └─ 储蓄存款利息的计算方法
│   └─ 单位存款利息的计算
│       ├─ 中国人民银行对单位存款利息计算的有关规定
│       ├─ 单位活期存款利息的计算方法：
│       │   (1) 余额表计息：利息＝本季累计计息积数×日利率
│       │   (2) 分户账计息：利息＝本季计息积数×日利率
│       └─ 单位定期存款利息的计算方法：逐笔计息法（利随本清）计算利息
└─ 第四节 贷款利息的计算
    ├─ 定期结息计息：利息＝累计计息积数×日利率
    ├─ 利随本清计息：利息＝本金×年（月）数×年（月）利率＋本金×零头天数×日利率
    ├─ 票据贴现计息★★★★★：贴现利息＝票据的票面金额×贴现率×贴现期
    └─ 贷记卡透支利息的计算：有免息还款期；贷记卡透支按月计收复利、准贷记卡透支按月计收单利
```

> **温馨贴士**

（1）储蓄存款计算存期的规定如表Ⅰ所示。

表Ⅰ　储蓄存款计算存期的规定

项目	具体内容
正常情况	算头不算尾；从存入当天到支取前一日
结息日前清户	算头不算尾；从存入当天到清户前一日
结息日	算头又算尾；从存入当天到结息日；结息日当天计算利息

（2）定活两便储蓄存款计息规定如表Ⅱ所示。

表Ⅱ　定活两便储蓄存款计息规定

存期 n（月）	计息规则
$n<3$	按天数计付活期利息
$3\leqslant n<6$	支取日定期整存整取3个月存款利率打6折
$6\leqslant n<12$	支取日定期整存整取半年存款利率打6折
$n\geqslant 12$	支取日定期整存整取1年期存款利率打6折

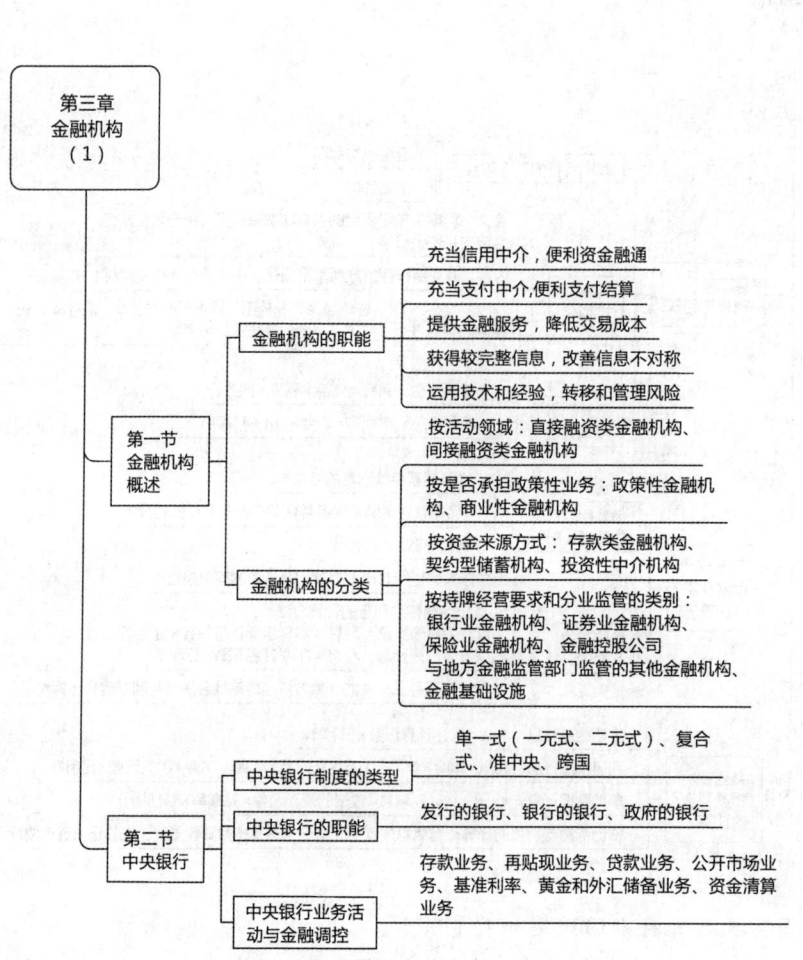

思维导图

- 第三章 金融机构（2）
  - 第三节 各类银行机构
    - 政策性银行
      - 中国农业发展银行、中国进出口银行
      - 特点：特殊的经营目标、特殊的资金来源、特殊的服务领域
      - 业务：贷款业务、投资业务、担保业务
    - 开发性金融机构
      - 国家开发银行
      - 财政资金信贷化，按市场化原则运作
    - 商业银行
      - 职能：信用中介（最基本）、支付中介、信用创造、金融服务
      - 银行的业务：
        (1) 负债业务：自有资金、吸引外来资金（存款负债、非存款负债）
        (2) 资产业务：现金类资产业务、信贷类资产业务、投资类资产业务
        (3) 表外业务：不直接承担或不直接形成债权债务、不动用自己的资金，为社会提供各类服务而从中收取手续费的业务；形成或有资产、或有负债的表外业务
      - 经营管理原则：安全性原则、流动性原则、效益性原则
      - 我国各类商业银行概况：国有大型商业银行、城市商业银行、全国性股份制商业银行、农村金融机构（农村信用社、农村合作银行、农村商业银行、村镇银行）、民营银行、外资银行
  - 第四节 证券业金融机构
    - 证券公司
      - 主要业务：证券经纪业务、证券投资咨询业务、与证券交易和证券投资活动有关的财务顾问业务、证券承销与保荐业务、融资融券业务、证券做市交易业务、证券自营业务、资产管理业务
    - 基金管理公司
      - 公募基金管理公司的设立、职责、主要业务
      - 私募基金管理人基本要求、职责、管理要求
    - 期货公司
      - 期货交易与现货交易的区别
      - 期货交易的特点：交易标的标准化、场内集中竞价交易、保证金交易制度、双向交易制度、当日无负债结算制度

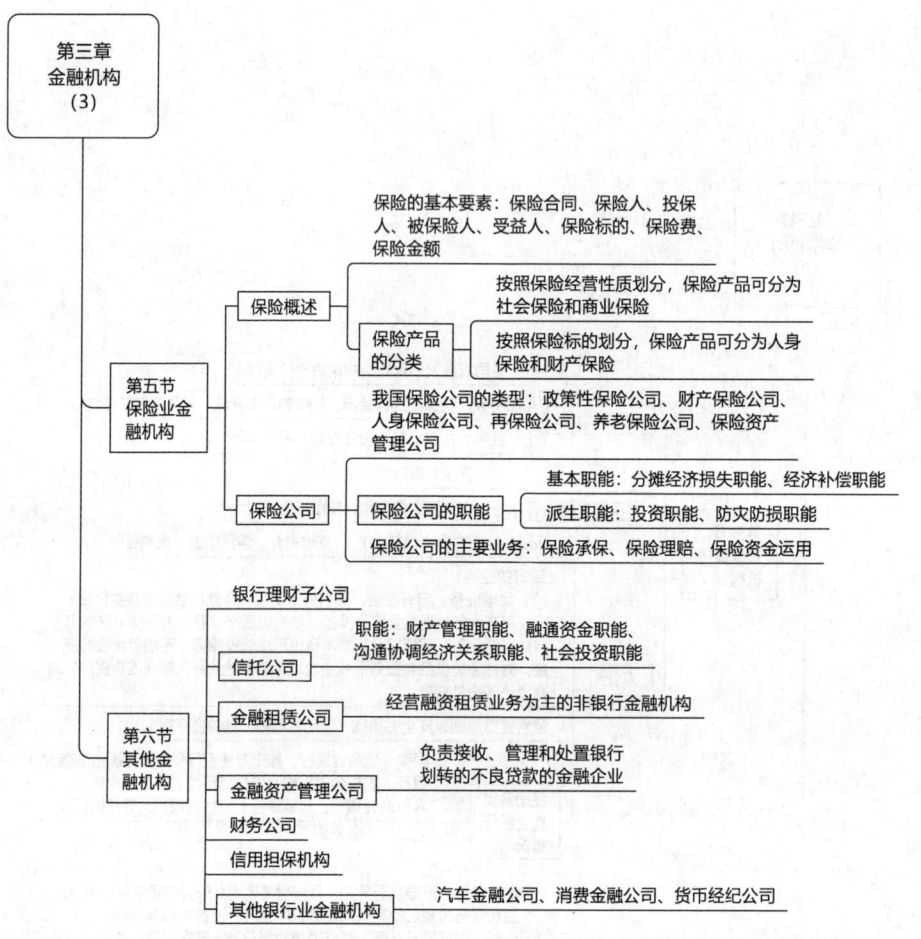

> **温馨贴士**

（1）商业银行的职能：①信用中介职能（最基本职能）。吸收存款，集中社会闲置资金，放款给需求者，成为借贷双方的中介人。②支付中介职能。通过客户开设的账户为其办理相互之间的资金划拨和现金支付业务。③信用创造职能。在信用工具流通和转账结算的基础上，在整个银行体系中扩大全社会的信用规模。④金融服务职能。为客户提供金融服务。

（2）商业银行经营管理"三性"原则既有联系又有矛盾，它们是一个统一体，缺一不可、不可偏废。安全性保证了商业银行的利益不受损失；流动性为商业银行资产的安全提供了保障；盈利性增强了商业银行抵御风险的能力。

Day 56

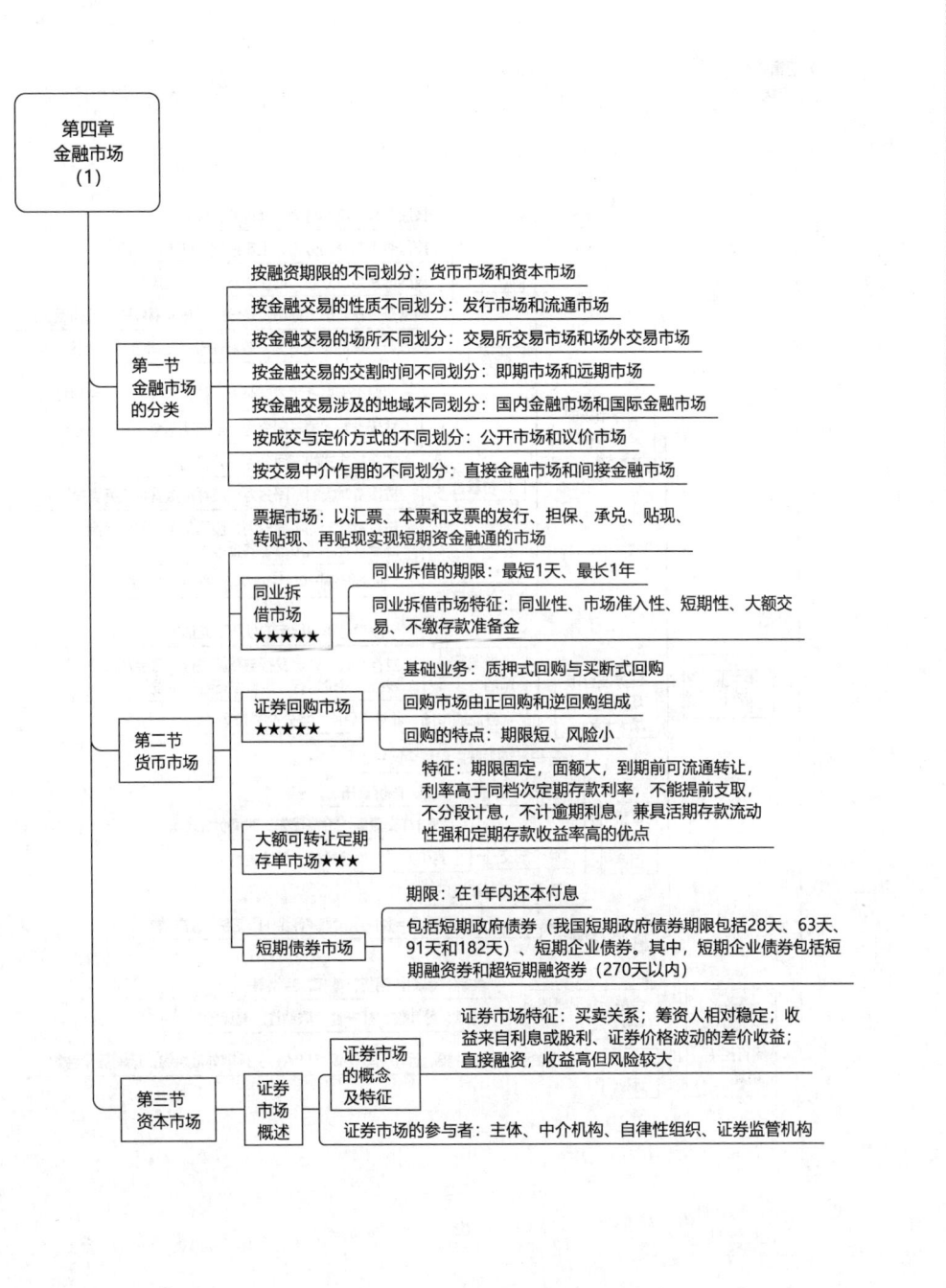

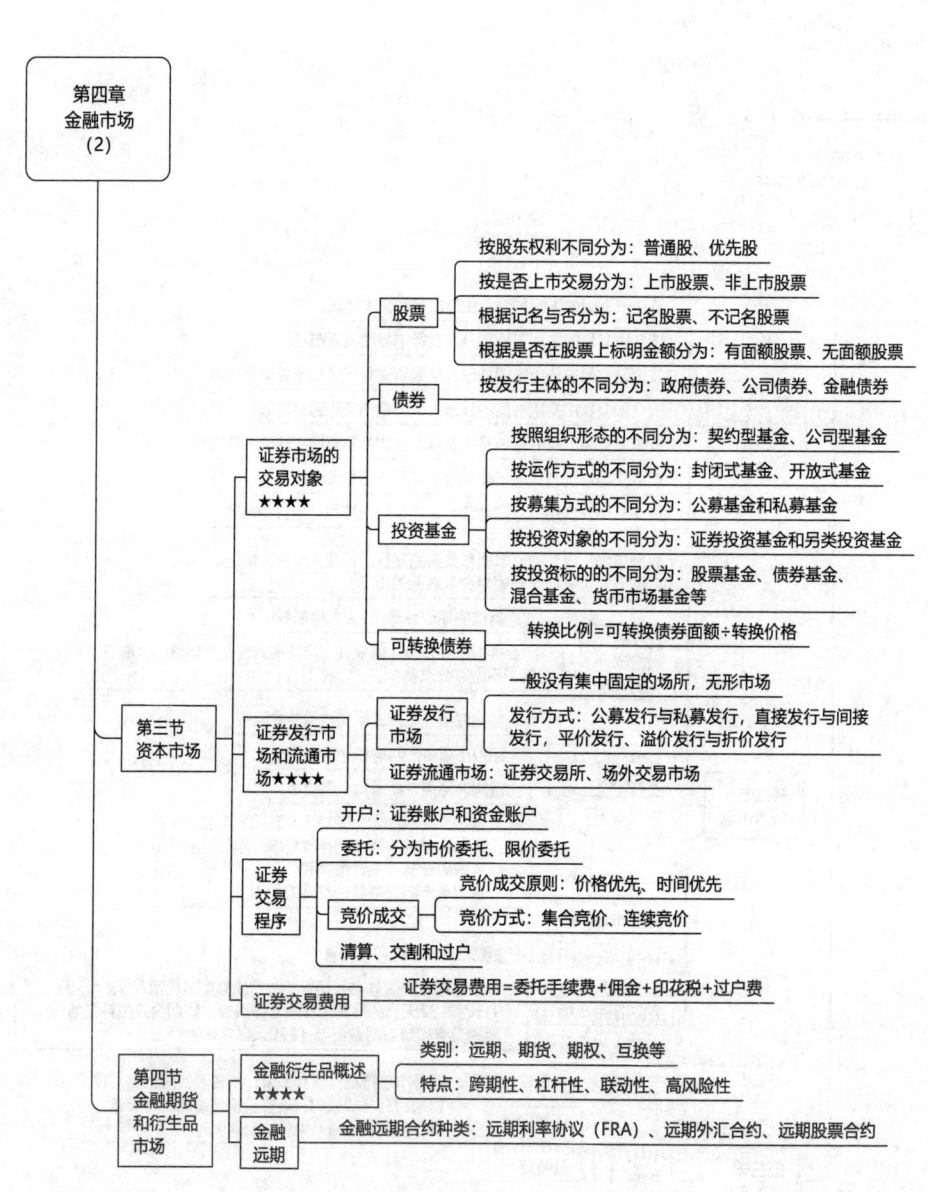

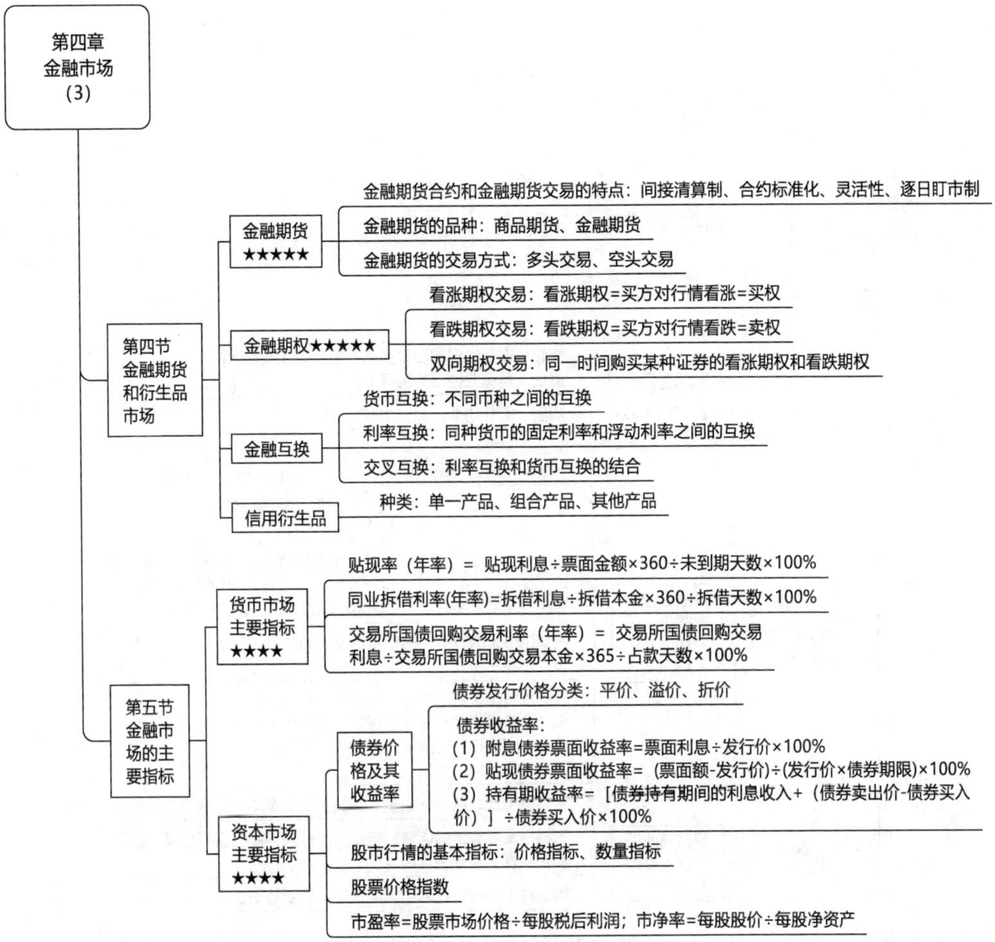

思维导图

第四章 金融市场 (3)

第四节 金融期货和衍生品市场

金融期货 ★★★★★
- 金融期货合约和金融期货交易的特点：间接清算制、合约标准化、灵活性、逐日盯市制
- 金融期货的品种：商品期货、金融期货
- 金融期货的交易方式：多头交易、空头交易

金融期权 ★★★★★
- 看涨期权交易：看涨期权=买方对行情看涨=买权
- 看跌期权交易：看跌期权=买方对行情看跌=卖权
- 双向期权交易：同一时间购买某种证券的看涨期权和看跌期权

金融互换
- 货币互换：不同币种之间的互换
- 利率互换：同种货币的固定利率和浮动利率之间的互换
- 交叉互换：利率互换和货币互换的结合

信用衍生品
- 种类：单一产品、组合产品、其他产品

第五节 金融市场的主要指标

货币市场主要指标 ★★★★
- 贴现率（年率）= 贴现利息÷票面金额×360÷未到期天数×100%
- 同业拆借利率(年率)=拆借利息÷拆借本金×360÷拆借天数×100%
- 交易所国债回购交易利率（年率）= 交易所国债回购交易利息÷交易所国债回购交易本金×365÷占款天数×100%

资本市场主要指标 ★★★★

债券价格及其收益率
- 债券发行价格分类：平价、溢价、折价
- 债券收益率：
  (1) 附息债券票面收益率=票面利息÷发行价×100%
  (2) 贴现债券票面收益率=（票面额-发行价）÷(发行价×债券期限)×100%
  (3) 持有期收益率=[（债券持有期间的利息收入+（债券卖出价-债券买入价)]÷债券买入价×100%

- 股市行情的基本指标：价格指标、数量指标
- 股票价格指数
- 市盈率=股票市场价格÷每股税后利润；市净率=每股股价÷每股净资产

➢ 温馨贴士

（1）股票和债券的区别：①反映的经济关系不同。股票是所有权凭证，债券是债权凭证。②期限不同。股票无偿还期，债券有偿还期。③收益不同。股票投资收益由公司经营或二级市场价格决定，债券投资收益为固定收益。④风险不同。股票风险较大，债券风险较小。

（2）金融期权：期权是一种选择权，期权交易的对象是权利；买方=权利的买方，卖方=权利的卖方；买方只有权利，卖方只有义务；买权和卖权均是从买方角度出发，买方的权利=买权+卖权；看涨期权=买权，看跌期权=卖权；金融期权交易的标的物是金融资产。

（3）价格指标中的涨跌、涨跌幅限制。①股票上市首日不实行价格涨跌幅限制。②一般股票：一个交易日内，主板股票涨跌幅限制比例为10%；北京证券交易所股票自上市次日起，涨跌幅限制为30%。③特别处理股票：ST和*ST股票涨跌幅限制比例为5%。④创业板、科创板：涨跌幅的限制比例为20%。

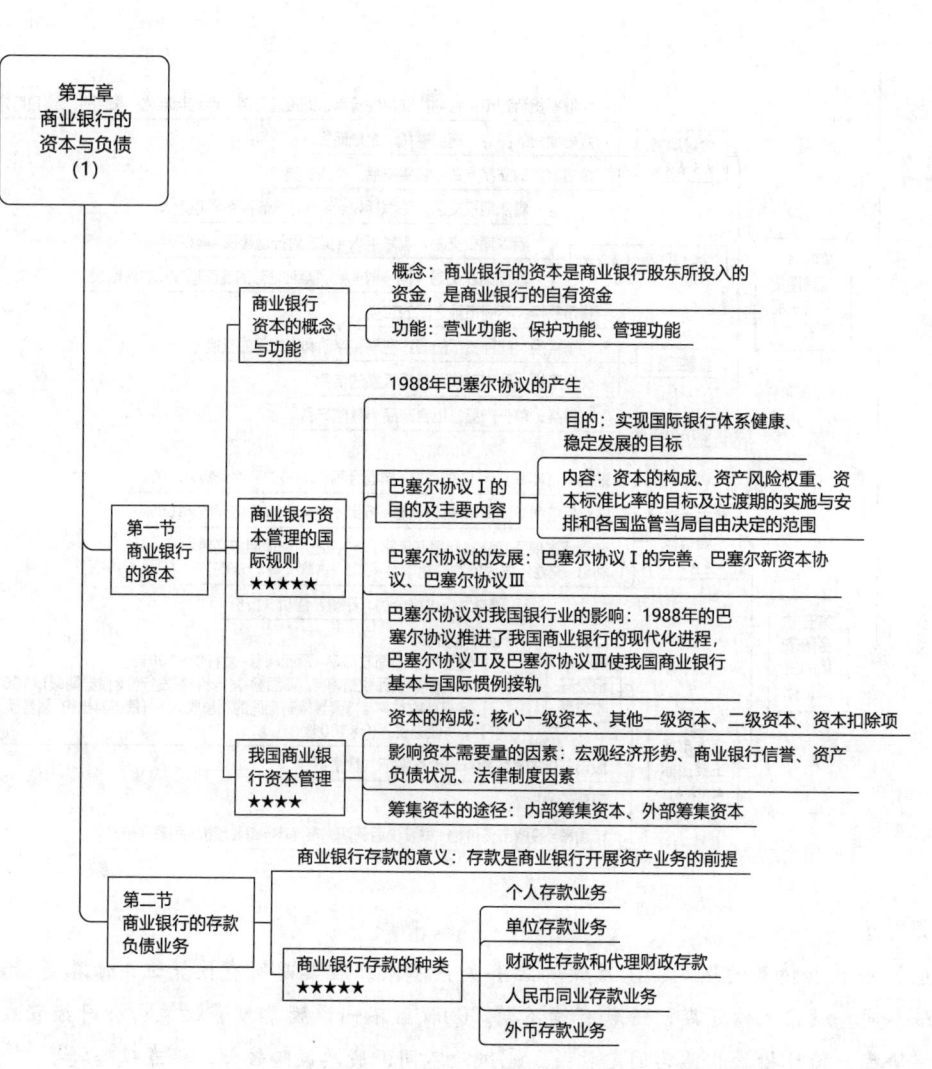

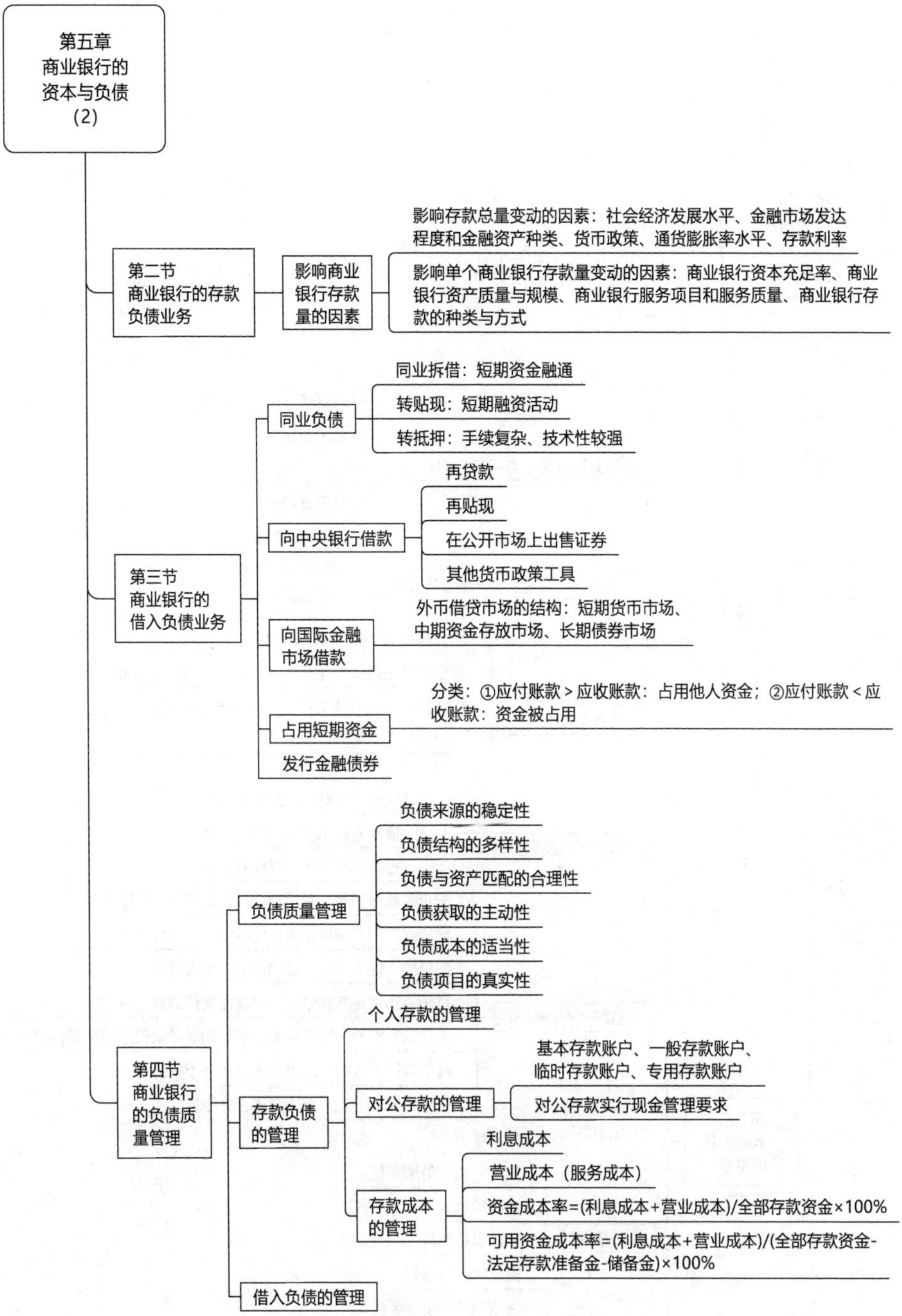

思维导图

第五章 商业银行的资本与负债（2）

第二节 商业银行的存款负债业务

影响商业银行存款量的因素
- 影响存款总量变动的因素：社会经济发展水平、金融市场发达程度和金融资产种类、货币政策、通货膨胀率水平、存款利率
- 影响单个商业银行存款量变动的因素：商业银行资本充足率、商业银行资产质量与规模、商业银行服务项目和服务质量、商业银行存款的种类与方式

第三节 商业银行的借入负债业务

- **同业负债**
  - 同业拆借：短期资金融通
  - 转贴现：短期融资活动
  - 转抵押：手续复杂、技术性较强
- **向中央银行借款**
  - 再贷款
  - 再贴现
  - 在公开市场上出售证券
  - 其他货币政策工具
- **向国际金融市场借款**
  - 外币借贷市场的结构：短期货币市场、中期资金存放市场、长期债券市场
- **占用短期资金**
  - 分类：①应付账款＞应收账款：占用他人资金；②应付账款＜应收账款：资金被占用
- **发行金融债券**

第四节 商业银行的负债质量管理

- **负债质量管理**
  - 负债来源的稳定性
  - 负债结构的多样性
  - 负债与资产匹配的合理性
  - 负债获取的主动性
  - 负债成本的适当性
  - 负债项目的真实性
- **存款负债的管理**
  - 个人存款的管理
  - 对公存款的管理
    - 基本存款账户、一般存款账户、临时存款账户、专用存款账户
    - 对公存款实行现金管理要求
  - 存款成本的管理
    - 利息成本
    - 营业成本（服务成本）
    - 资金成本率=(利息成本+营业成本)/全部存款资金×100%
    - 可用资金成本率=(利息成本+营业成本)/(全部存款资金-法定存款准备金-储备金)×100%
- **借入负债的管理**

> **温馨贴士**
>
> （1）金融机构办理转账结算的原则包括：①恪守信用，履约付款；②谁的钱进谁的账、由谁支配；③银行不垫款。
>
> （2）储蓄存款基本原则包括存款自愿、取款自由、存款有息、为储户保密。

第六章 商业银行的金融资产与表外业务(1)

第一节 商业银行的现金类资产

- 商业银行现金类资产的构成
  - 库存现金
  - 存款准备金
  - 存放同业存款
  - 结算在途资金
- 商业银行现金类资产的管理原则
  - 总量适度原则
  - 适时调节原则
  - 注意安全原则
- 商业银行头寸匡算与预测
  - 商业银行头寸的构成：基础头寸、可用头寸、可贷头寸
  - 商业银行短期头寸匡算：基础头寸→超额存款准备金
  - 商业银行中长期头寸预测：头寸余缺 = $\triangle_{存款} + \triangle_{发行金融债券} + \triangle_{同业存单} - \triangle_{贷款} - \triangle_{金融投资} - \triangle_{法定存款准备金}$

第二节 商业银行的贷款

- 贷款关系人及其权利义务
  - 贷款人的资格及其权利义务
  - 借款人的资格及其权利义务
  - 担保人的资格及其权利义务
- 贷款种类★★★★★
  - 按贷款期限分类：短期贷款、中期贷款与长期贷款
  - 按贷款的保障条件分类：信用贷款、担保贷款
  - 按借款人性质分类：公司贷款、个人贷款
  - 按贷款的偿还方式分类：一次性偿还贷款、分期偿还贷款
  - 按贷款利率变化方式分类：固定利率贷款和浮动利率贷款
  - 按贷款币种分类：人民币贷款和外币贷款
  - 按组织形式分类：双边贷款、银团贷款
- 贷款程序
  - 贷款申请
  - 贷款调查与信用评估
  - 贷款审批
  - 签订借款合同
  - 贷款执行与监督
  - 贷款归还与贷后评估
- 贷款监管要求
- 贷款风险及其控制★★★★★
  - 贷款风险的种类：信用风险、市场风险、操作风险
  - 贷款风险类别：正常类贷款、关注类贷款、次级类贷款、可疑类贷款、损失类贷款
  - 贷款风险控制：风险回避、风险分散、风险转移、风险补偿

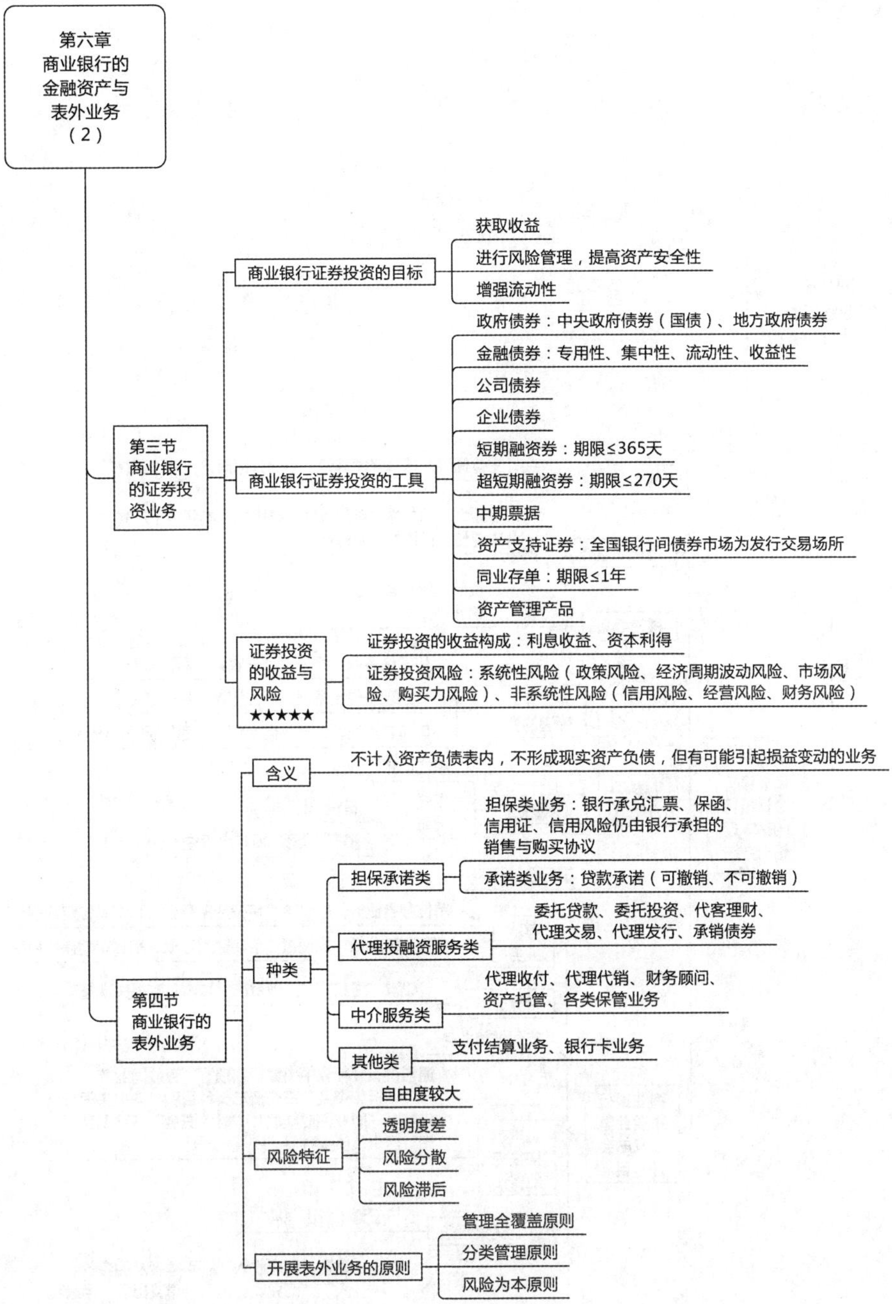

思维导图

第六章 商业银行的金融资产与表外业务（2）

第三节 商业银行的证券投资业务

- 商业银行证券投资的目标
  - 获取收益
  - 进行风险管理，提高资产安全性
  - 增强流动性

- 商业银行证券投资的工具
  - 政府债券：中央政府债券（国债）、地方政府债券
  - 金融债券：专用性、集中性、流动性、收益性
  - 公司债券
  - 企业债券
  - 短期融资券：期限≤365天
  - 超短期融资券：期限≤270天
  - 中期票据
  - 资产支持证券：全国银行间债券市场为发行交易场所
  - 同业存单：期限≤1年
  - 资产管理产品

- 证券投资的收益与风险 ★★★★★
  - 证券投资的收益构成：利息收益、资本利得
  - 证券投资风险：系统性风险（政策风险、经济周期波动风险、市场风险、购买力风险）、非系统性风险（信用风险、经营风险、财务风险）

第四节 商业银行的表外业务

- 含义：不计入资产负债表内，不形成现实资产负债，但有可能引起损益变动的业务

- 种类
  - 担保承诺类
    - 担保类业务：银行承兑汇票、保函、信用证、信用风险仍由银行承担的销售与购买协议
    - 承诺类业务：贷款承诺（可撤销、不可撤销）
  - 代理投融资服务类：委托贷款、委托投资、代客理财、代理交易、代理发行、承销债券
  - 中介服务类：代理收付、代理代销、财务顾问、资产托管、各类保管业务
  - 其他类：支付结算业务、银行卡业务

- 风险特征
  - 自由度较大
  - 透明度差
  - 风险分散
  - 风险滞后

- 开展表外业务的原则
  - 管理全覆盖原则
  - 分类管理原则
  - 风险为本原则

> **温馨贴士**
>
> （1）定期贷款的分类：①短期贷款，贷款期限≤1年；②中期贷款，1年＜贷款期限≤5年；③长期贷款，贷款期限＞5年。
>
> （2）按照风险程度将贷款划分不同级别的过程，实质是按债务人及时足额还本付息的可能性对贷款进行分类的。贷款可分为正常贷款、关注贷款、次级贷款、可疑贷款、损失类贷款五类，后三类为不良贷款。

Day 57

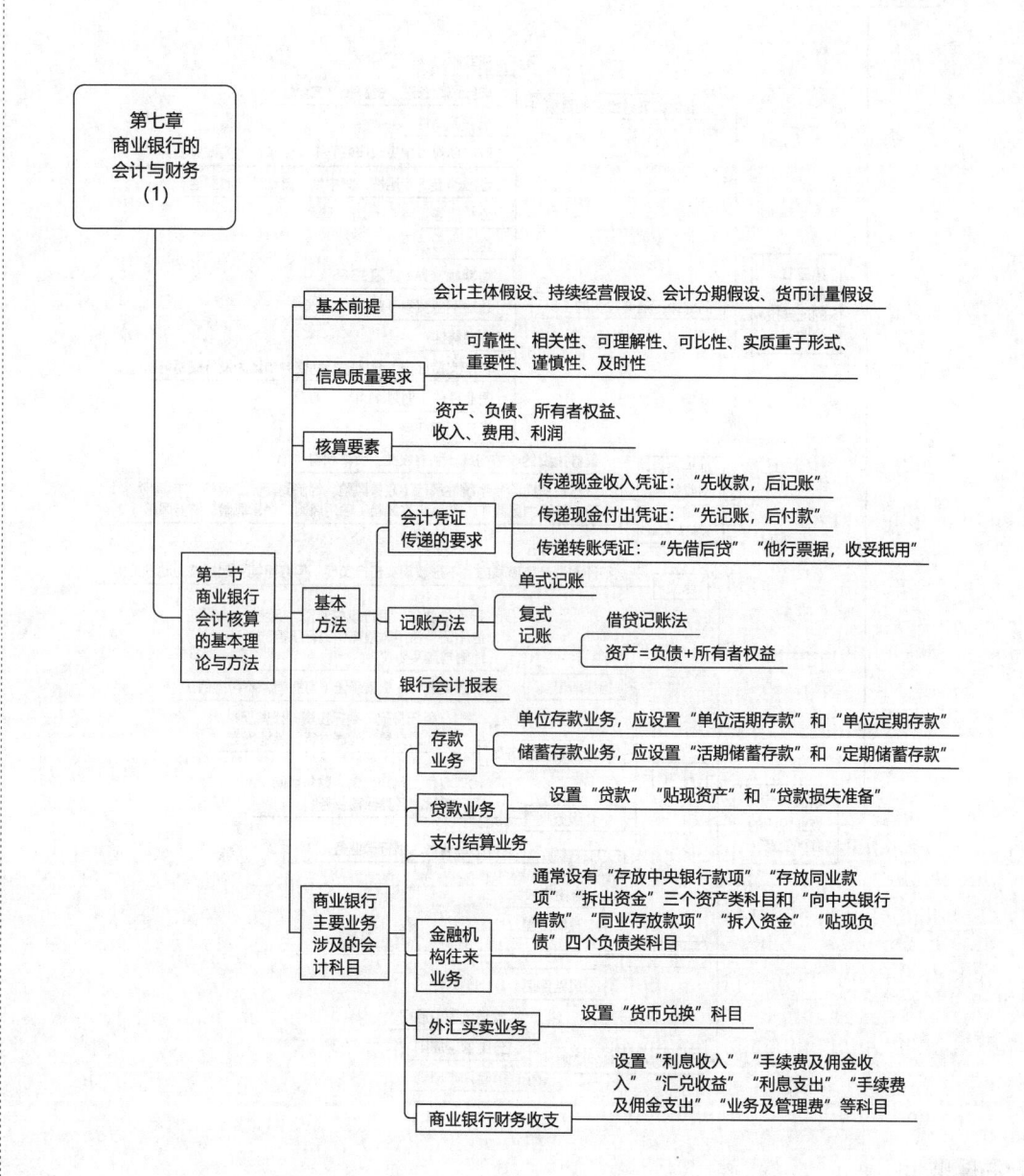

思维导图

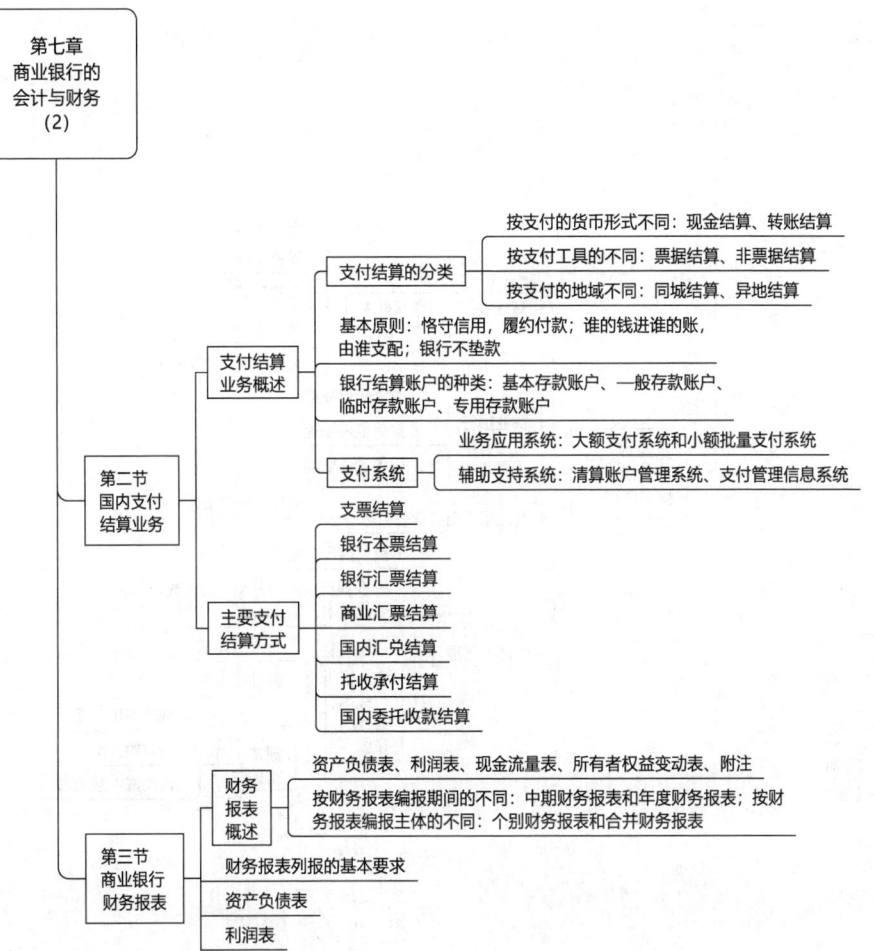

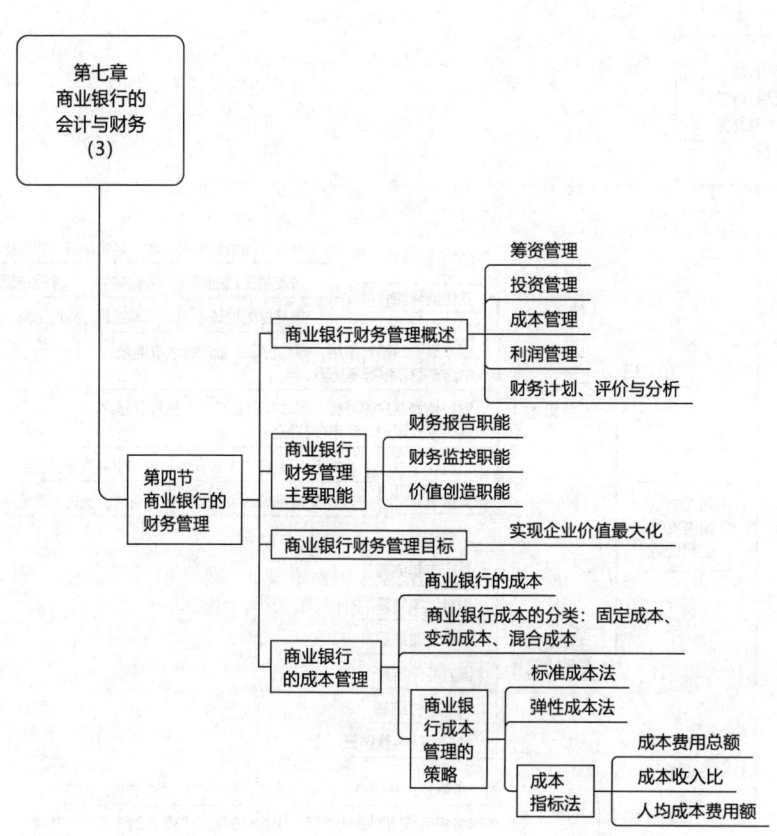

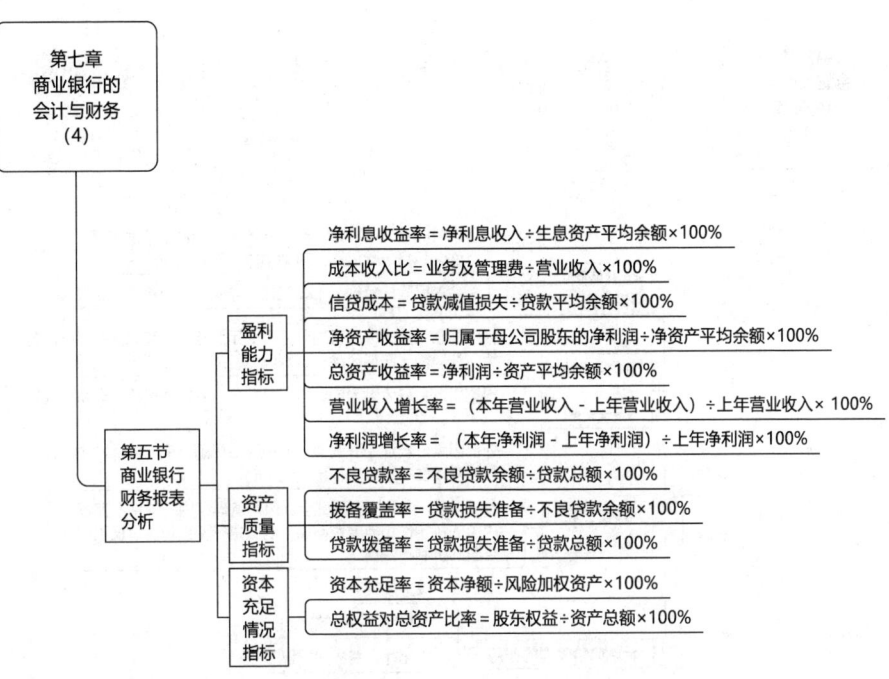

> **温馨贴士**

法律主体与会计主体的区别：

（1）法律主体：以能够独立承担法律责任为确定依据，可以是自然人、法人。

（2）会计主体：以是否进行独立会计核算为确定依据。

法律主体往往是一个会计主体，但是会计主体不一定是法律主体。

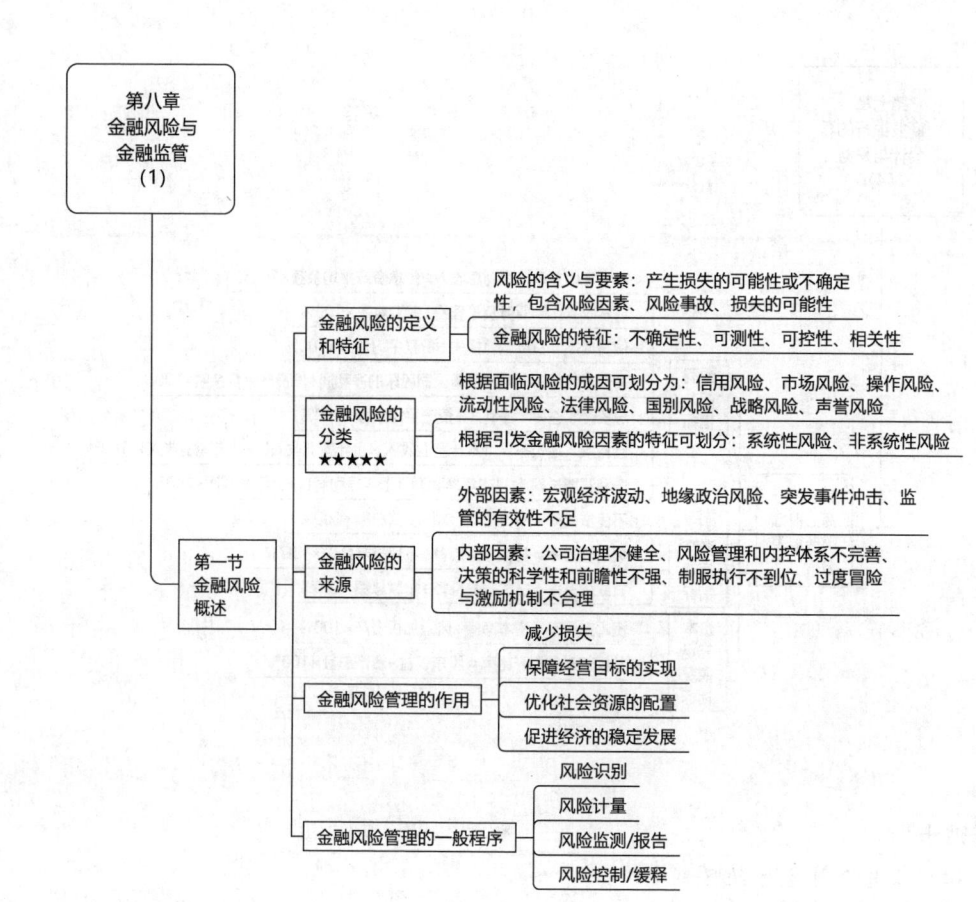

思维导图

第八章 金融风险与金融监管（2）

第二节 商业银行风险管理 ★★★★

商业银行全面风险管理
- 商业银行全面风险管理的内容：建立全面风险管理体系，采取定性和定量相结合的方法，识别、计量、评估、监测、报告、控制或缓释各类风险
- 商业银行全面风险管理的原则：匹配性原则、全覆盖原则、独立性原则、有效性原则

商业银行信用风险管理
- 信用风险的主要特点：道德风险是形成信用风险的重要因素；具有明显的非系统性风险特征；信用风险损失分布是不对称的；组合信用风险的测定具有一定难度
- 信用风险的监测指标：不良资产率、单一集团客户授信集中度、全部关联度
- 信用风险的管理措施：建立适当的信用风险环境；在健全的授信程序下运营；保持适当的授信管理、计量和监测程序；确保对信用风险的充分控制
- 不良贷款管理基本原则：经济原则、内部制衡原则、统一原则、可比原则

商业银行市场风险管理
- 市场风险的主要特点：具有系统性风险特征，不可能分散消除，相较于信用风险数据更为充分
- 市场风险的影响
- 市场风险的衡量指标：累计外汇敞口头寸比例、利率风险敏感度
- 市场风险的管理措施：董事会和高级管理层监控的有效性；市场风险管理政策和程序的完善性；市场风险的识别、计量、监测和控制的有效性；内部控制和外部审计的完善性；适当的市场风险资本分配机制

商业银行操作风险管理
- 操作风险的主要特点：银行可控范围内的内生风险，种类多，操作风险的损失与收益无必然联系
- 操作风险的主要类型：内部欺诈；外部欺诈；就业制度及工作场所安全；客户、产品与业务活动带来的风险；实物资产的损坏；经营中断和系统错误；涉及执行、交割和流程管理的风险
- 操作风险的衡量指标：关键风险指标（风险类监测指标包括案件风险率和操作风险损失率）

操作风险的管理措施
- 监管机构的任务：建立评估机制；确定监管评估的范围；制定监管措施；鼓励商业银行持续改善内部管理
- 三道防线：业务条线管理、独立的法人操作风险管理部门、独立的评估与审查

商业银行流动性风险管理
- 流动性风险的主要特点：是银行业危机的直接原因，是一种多维风险，具有季节性和突发性
- 流动性风险监测指标：流动性覆盖率、净稳定资金比例、流动性比例、流动性匹配率和优质流动性资产充足率
- 流动性风险的管理措施：实施限额管理，流动性风险限额包括但不限于现金流缺口限额、负债集中度限额、集团内部交易和融资限额

第三节 金融监管概述

金融监管的概念
- 金融监管的含义（广义）：金融监管当局的监管、行业自律性组织的监管、社会中介组织的监管
- 金融监管的要素：主体（金融监管当局）、客体（金融机构、金融市场、金融产品等）、工具（法律工具、政策工具、行政手段、技术工具）

金融监管的目标与原则 ★★★★★
- 金融监管的目标：安全性目标（首要）、效率性目标、公平性目标
- 金融监管的原则：依法监管原则、合理与适度竞争原则、自我约束和外部强制相结合原则、综合性监管原则、安全稳健与风险预防原则、社会经济效益原则

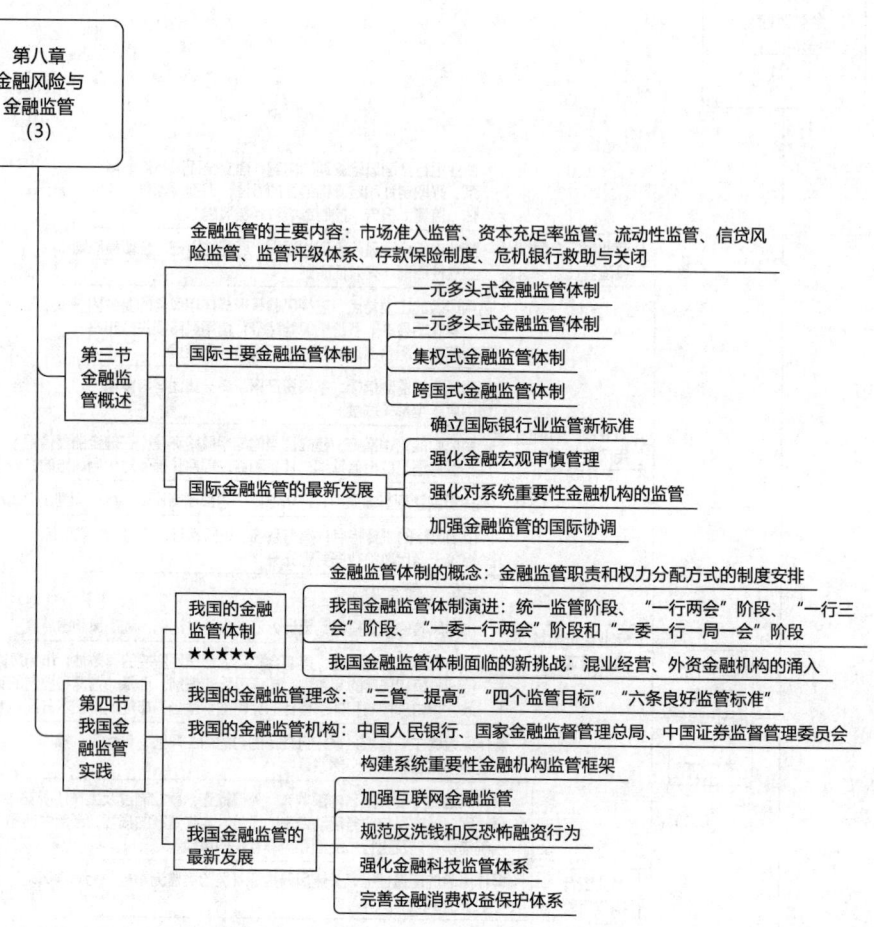

> **温馨贴士**

商业银行全面风险管理的原则。

(1) 匹配性原则。全面风险管理体系应当与风险状况和系统重要性等相适应,并根据环境变化进行调整。

(2) 全覆盖原则。全面风险管理应当覆盖各业务条线,覆盖所有分支机构、附属机构及部门、岗位和人员,覆盖所有风险种类和不同风险之间的相互影响,贯穿决策、执行和监督全部管理环节。

(3) 独立性原则。商业银行应当建立独立的全面风险管理组织架构,赋予风险管理条线足够的授权、人力资源及其他资源,建立科学合理的报告渠道,与业务条线之间形成相互制衡的运行机制。

(4) 有效性原则。将全面风险管理的结果应用于经营管理,根据风险状况、市场和宏观经济情况评估资本和流动性的充足性,有效抵御所承担的总体风险和各类风险。

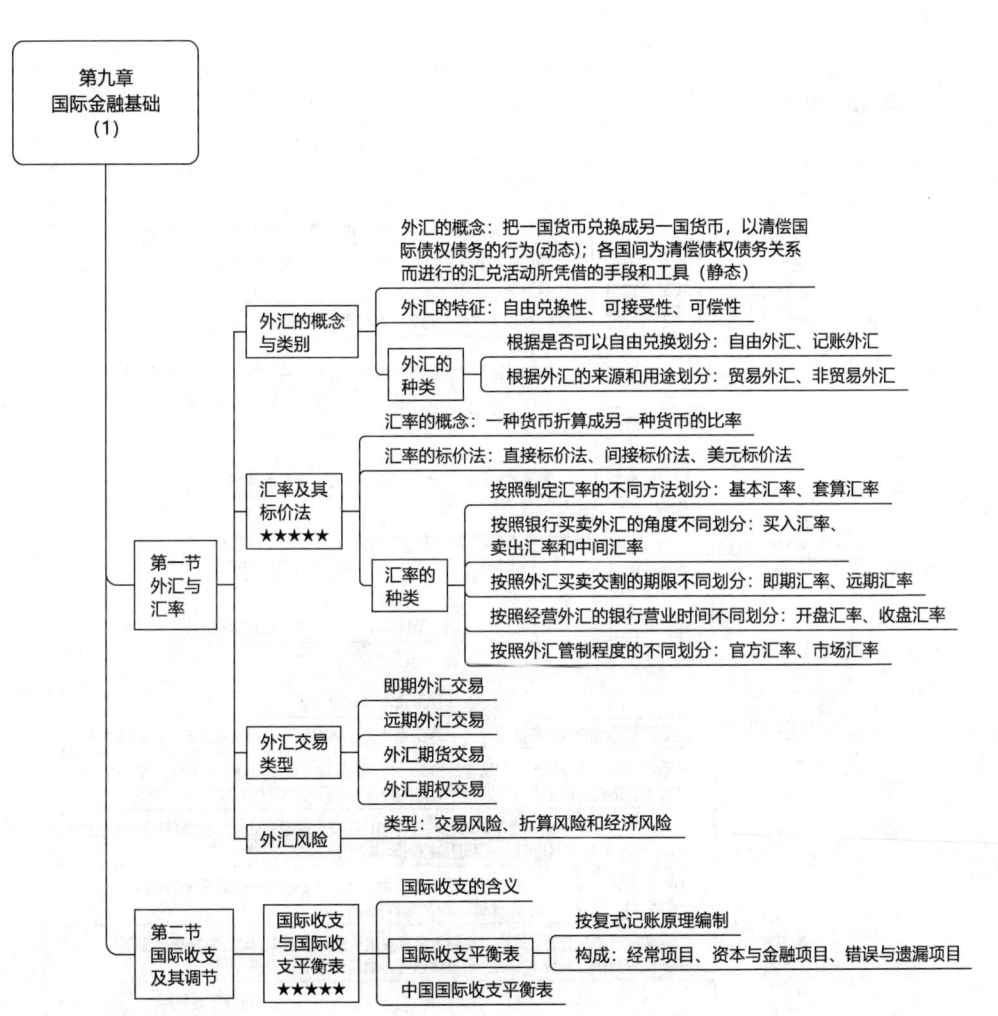

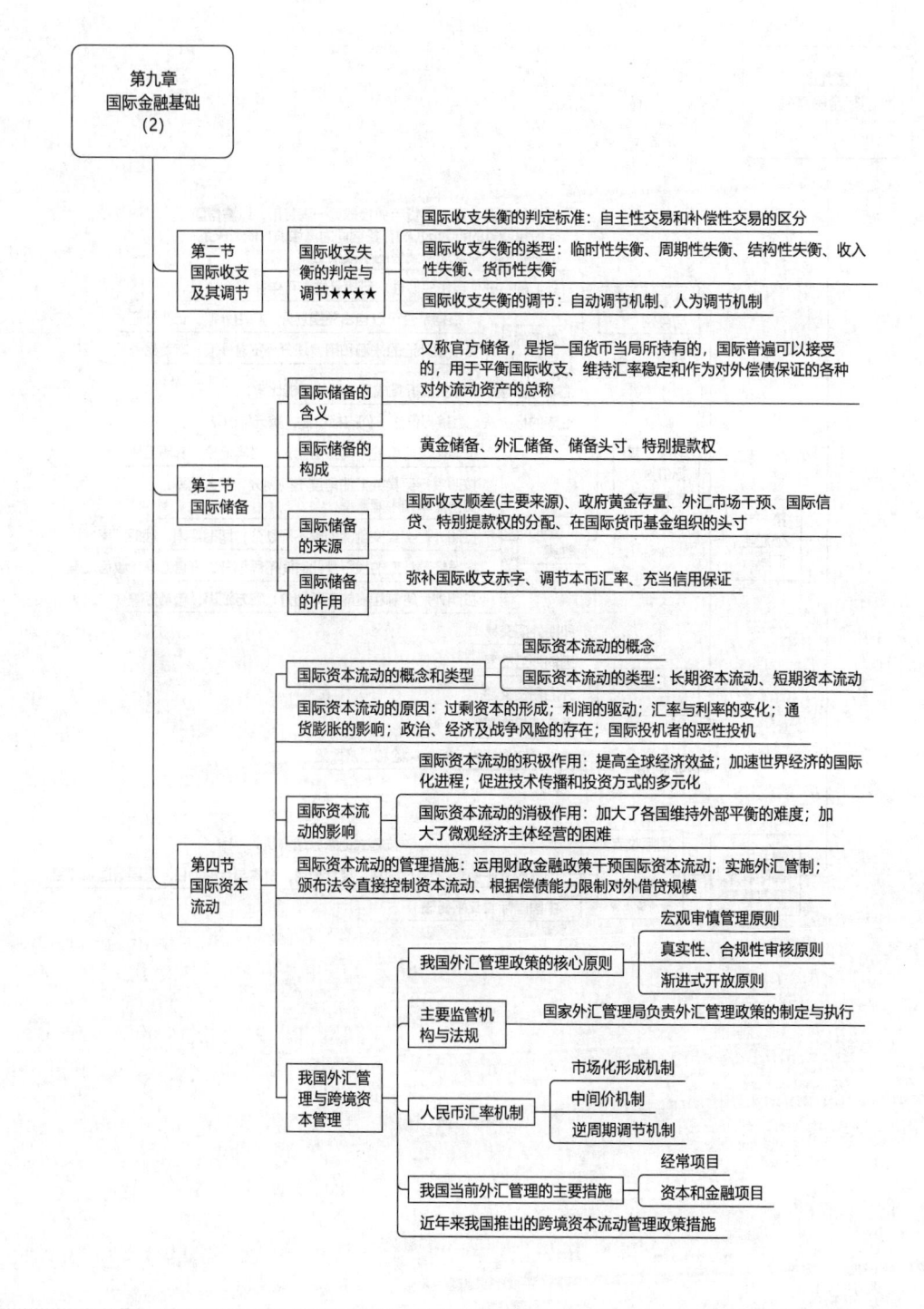

思维导图

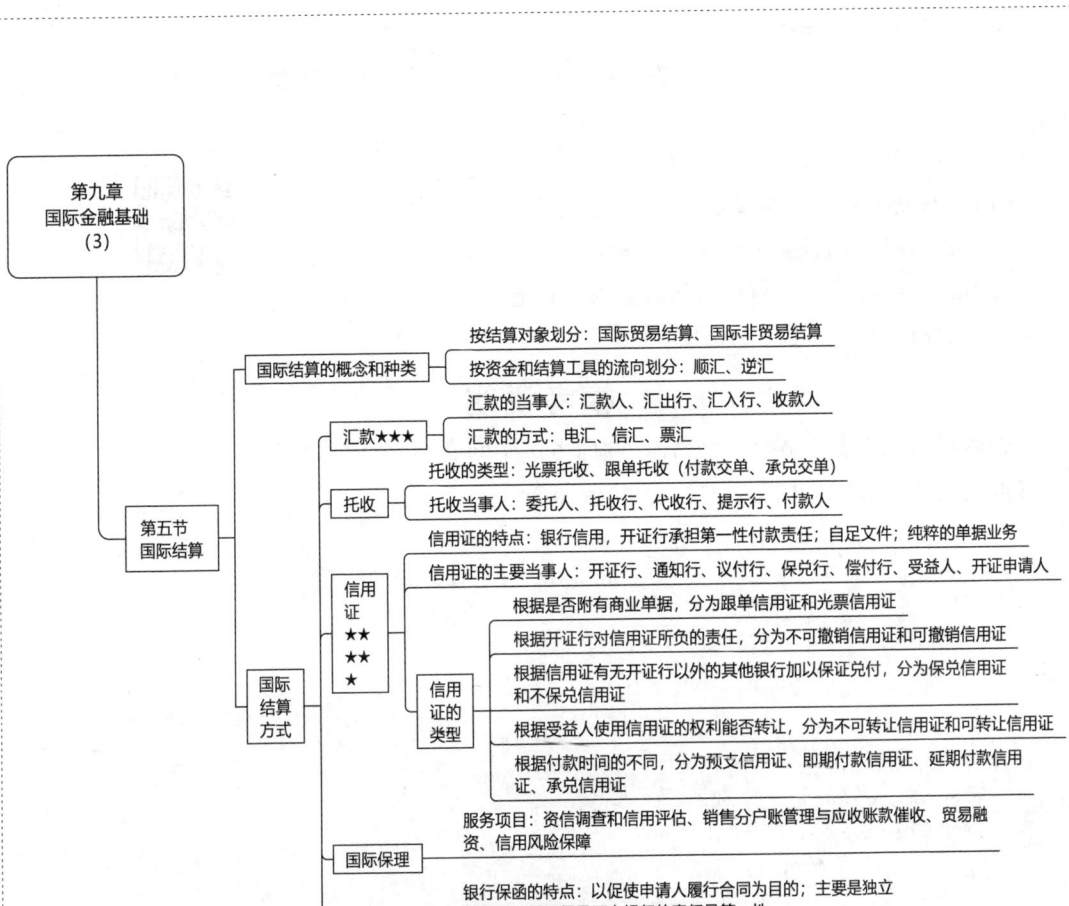

> **温馨贴士**

(1) 汇率波动范围：黄金输送点。

①上限：黄金输出点＝铸币平价＋运输黄金的费用。

②下限：黄金输入点＝铸币平价－运输黄金的费用。

(2) 国际收支平衡表记账方式。

①按复式记账原理编制。

②贷方：收入的增加、负债的增加、资产的减少，正号（＋）项目；借方：支出的增加、资产的增加、负债的减少，负号（－）项目。

全真机考模拟

Day 58 至 *Day 60*

由于经济师考试形式为机考，为了真实模拟考场环境，本书提供三套试卷，需要通过电脑在线做题。

【领取试卷及做题步骤】
- 请扫右侧码领取模拟试卷。
- 登录环球网校官网（www.hqwx.com）。
- 点击《60天过经济师》全真机考模拟试卷。
- 进入界面之后即可开始做题。

扫码领取试卷

模考说明

【答题时长要求】3小时40分钟，两门考试中间有40分钟休息时间

【时间安排】8:30—10:00，10:40—12:10

亲爱的读者：

如果您对本书有任何感受、建议、纠错，都可以告诉我们。

我们会精益求精，为您提供更好的产品和服务。

祝您顺利通过考试！

扫码参与调查

环球网校经济师考试研究院